Wie Sie sofort attraktiver wirken

Soforttipps, die funktionieren

W0399298

Asli

1. Auflage

Inhalt

Einleitung 5

1. Machen Sie flirten und Kommunikation zum Spiel 8
2. Ändern Sie Ihre Biochemie 10
3. Die Einstellung zählt 12
4. Selbstbewusstsein 14
5. Ein aufregendes Leben haben 16
6. Die Stimme 18
7. Standards haben und Grenzen setzen 20
8. Ein guter Zuhörer sein 22
9. Spielerisch, humorvoll und gleichzeitig interessant sein 24
10. Sich nicht bedürftig fühlen 26
11. Physische Barrieren abschaffen 28
12. Namen sind Gold wert 30
13. Achten Sie auf Ihre Hände 31
14. Spiegeln 33
15. Zeigen Sie anderen Menschen was Sie fühlen 35
16. So naheliegend: Lächeln Sie 37
17. Balance zwischen Innerem und Äußerem 39
18. Ihre Haltung zählt 41
19. Ihre Aufmerksamkeit macht Sie attraktiv 43
20. Grüßen Sie überschwänglich 45
21. Anhimmeln nicht mit Verliebtheit verwechseln 46
22. Kurz warten bevor man antwortet 47

23. Takten Sie Ihre Aussagen 48
24. Wiederholen der letzten Phrase 50
25. Geben Sie auf sich acht, auch äußerlich 52
26. Natürliche Distanz 54
27. Blickkontakt 56
28. Emotionale Reife 59
29. Entspannen Sie Ihre Mimik 61
30. Gehen Sie von Interesse aus 63
31. Die Angst vor Zurückweisung verlieren 65
32. Verbundenheit spüren 67
33. Vertrauenswürdigkeit macht attraktiv 69
34. Ein Meister der Konversation werden 71
35. Vergessen Sie Ihre Augenbrauen nicht 73
36. Nicht nur Flirten wenn Sie jemanden attraktiv finden 75
37. Fake it till you make it? 77
38. Strahlen Sie "gute" Eigenschaften aus 79
39. Schwächen Sie Ihre Fragen ab 81
40. Hals und Hände zeigen 83
41. Souverän in Stresssitutationen 85
42. Aus einem Elefanten eine Mücke machen 87
43. Was hat der andere zu bieten 89
44. Das richtige Hintergrundrauschen 90
45. Lassen Sie Raum für mehr 92
46. Sich trauen verwundbar zu sein 94
47. Kommunizieren Sie, was Sie wollen 96
48. Furchtlos sein 98

49. Seien Sie präsent ... 100

50. Nehmen Sie Raum ein ... 102

51. Stoisch und gelassen bleiben ... 104

52. Verraten Sie ein Geheimnis ... 106

53. Kombinieren Sie verschiedene Eigenschaften ... 107

54 Die Gefühle anderer aushalten können ... 109

55. Leben Sie beide Seiten ... 111

Nachwort ... 113

Impressum ... 116

Einleitung

Lieber Leser, liebe Leserin,

die meisten Menschen wollen attraktiv auf andere wirken. Menschen sollen sich für uns interessieren, uns anziehend finden, uns mögen oder uns sogar begehren. Dieser Wunsch ist manchmal sehr offensichtlich, in vielen Fällen jedoch subtiler. Und entgegen dem was die Mehrheit über Attraktivität annimmt, reduziert sich diese trotz der geläufigen Fehlannahme nicht nur auf unser Äußeres.

Das Äußere ist nur ein kleiner Teil unserer Attraktivität

Die äußere Hülle ist lediglich ein Teil unserer Attraktivität und es gibt daneben eine Menge weiterer Dinge, die unsere Attraktivität und unser Charisma wesentlich beeinflussen und die wir selbst mitgestalten können. Sich attraktiv fühlen zu können ist aus verschiedenen Gründen von enormer Bedeutung für uns, da das positive Gefühl zu sich und der eigenen Attraktivität nicht unwesentlich die eigene Lebensfreude und tägliche Energie mitbestimmt. Attraktivität ist dabei wesentlich mehr als ein gestählter Körper oder ein hübsches Gesicht. Auch wenn die meisten Männer und Frauen sich in Fitnessstudios für den vermeintlichen Traumkörper stählen, oder mit einer Menge an Schminke und Schönheitsartikel versuchen Ihr Gesicht und "zu optimieren", wirken nur die wenigsten unter Ihnen wirklich selbstbewusst und glücklich. In diesem Buch soll erörtert werden was Attraktivität und Charisma wirklich ausmacht und wie wir langfristig diese Dinge steigern können und erfüllte Beziehungen zu unseren Mitmenschen führen.

Unterschätzen Sie die Kraft von Charisma nicht

Wir leben heutzutage in einer digitalisierten Welt, die eine Menge Anforderungen an uns und unsere Kommunikationsfähigkeiten stellt und uns fast schon zwingt auf verschiedenen Plattformen präsent zu sein, stets gut gelaunt, belastbar und leistungsfähig zu wirken. Es wird Perfektion erwartet, auch wenn diese oft nur gespielt ist und unser authentisches Ich maskiert. Aus diesem aber auch aus diversen anderen Gründen ist vielen von uns das Vertrauen in uns selbst und unsere natürliche Attraktivität verloren gegangen. Das liegt zum Teil daran, dass wir oft wenig in "Selbstbewusstsein und Attraktivität" geübt sind, aber auch an der vermeintlichen Anzahl an medialen Vorbildern, die eine Form von Perfektion suggerieren, die im Grunde genommen nicht existiert und die die meisten Menschen tief und nachhaltig verunsichert.

Charisma und Attraktivität ist erlernbar

Jeder Mensch möchte im Grunde genommen das Gefühl haben, gesehen, erkannt und gemocht zu werden für das was er ist, ohne sich verstellen, anbiedern oder perfekt sein zu müssen. Aber wie können wir uns wieder in der "Fähigkeit" attraktiv auf andere Menschen zu wirken üben? Ich bin der Meinung, dass diese Fähigkeit uns allen ureigen ist, und wesentlich weniger von der äußeren Attraktivität abhängt als viele von uns glauben. Oft liegt sie irgendwo tief unter Selbstzweifeln und Ängsten vergraben und muss nur wiederentdeckt werden. Wie Sie diese Fähigkeit in sich reaktivieren und zum Magneten für andere Menschen bzw. potentielle Partner werden, erfahren Sie in den nächsten Kapiteln. Wenn Sie also wissen wollen, wie Sie unmittelbar attraktiver auf andere wirken können, durch praktische Tipps und Anregungen dann lassen Sie uns loslegen

1. Machen Sie flirten und Kommunikation zum Spiel

Je verkrampfter wir das Thema Kommunikation, Attraktivität und Flirten angehen, desto eher werden wir verkrampfen und das Gegenteil von dem erreichen, was wir eigentlich wollten. Wir sollten uns zunächst klarmachen, dass der Kontakt zu einem anderen Menschen, der uns interessiert, keine bierernste Angelegenheit, kein Heiratsversprechen oder gar peinlich ist. Interessierte, angeregte, vielleicht auch etwas verspielte und verführerische Kommunikation macht das Leben spannend und ist sozusagen das Salz in der Suppe des Alltags. In einer Zeit in der Online Dating Menschen ohne jeglichen Aufwand und die Notwendigkeit der persönlichen Interaktion zusammenführt, haben viele die Kunst des Flirtens und der Verführung (damit ist nicht zwingend die sexuelle Verführung gemeint) verlernt. Daraus resultiert, dass viele Männer und Frauen nicht mehr in der Lage sind im „echten" Leben Interesse am anderen zu bekunden oder gar spielerisch mit dem Thema Flirt und Attraktivität umzugehen.

Flirten und die Fähigkeit Anziehung zu erzeugen und selbst zu spüren, ist aber weit mehr als die Suche nach einem Lebenspartner. Sie ist vielmehr Ausdruck unserer Liebe für uns selbst und Zeichen unserer Liebesfähigkeit. Flirten heißt manchmal auch nur eine Ahnung von dem zu bekommen, was möglich ist. Ein Flirt ist manchmal nur ein flüchtiger Blick im Bus, ein Lächeln im Supermarkt oder ein intensiverer Blick auf der Straße und führt im besten Fall dazu, dass wir uns lebendig und interessant fühlen. Er kann unser Leben enorm bereichern, indem er uns Freude schenkt, unsere Phantasie anregt und uns das Gefühl gibt aktiv mit allen Sinnen und unserer sexuellen

Energie am Leben teilzunehmen. Versuchen Sie demnächst einmal den Kontakt zu Menschen, die Sie interessieren, spielerischer, leichter und spontaner zu gestalten. Machen Sie sich klar, dass Sie sich zu nichts verpflichten und dass es auch nicht peinlich ist, wenn sich Ihr Gegenüber vielleicht einmal nicht für Sie interessiert! So wird ein Flirt unbefangener und spontaner, da Sie dem Ganzen den Ernst und sich selbst den Druck nehmen.

2. Ändern Sie Ihre Biochemie

Dieser Tipp ist vielleicht einer der kraftvollsten, wenn wir Anziehung erzeugen wollen, da er weit über Äußerlichkeiten und kontrollierbare Verhaltensweisen hinausgeht und eine tiefere Ebene anspricht. Wir sind körperliche Wesen und verlieben uns nicht nur auf bewusster Ebene, sondern nehmen körperlich wesentlich mehr wahr, als wir im ersten Moment vermuten würden. Im allgemeinen Sprachgebrauch wird dies beispielsweise durch Floskeln wie „den anderen riechen können", „die Chemie stimmt", oder „der Funke ist übergesprungen" verdeutlicht. Anziehung, Verliebtheit und Liebe und unser damit assoziiertes Verhalten werden nicht nur durch unser bewusstes und rationales Denken und unseren Vorstellungen gesteuert, sondern auch von einer Reihe an Hormonen wie Adrenalin, Cortisol, Oxytocin, Serotonin, Östrogenen und Testosteron nicht unwesentlich beeinflusst. Was archaisch klingt, entspricht unserer biochemischen Realität und diese Einflüsse zu leugnen, wird der Komplexität von Anziehung nicht gerecht.

Die genauen Mechanismen, die wissenschaftlich sicherlich auch noch nicht alle entschlüsselt sind, würde den Rahmen hier sprengen. Es gibt aber eine Reihe interessanter Forschungsarbeiten hierzu. Sicherlich können wir viele physische Abläufe nicht bewusst beeinflussen, dennoch kann festgehalten werden, dass wir im Regelfall umso attraktiver wirken, wenn die andere Person sich in unserer Nähe als Mann maskuliner und als Frau weiblicher fühlt. Das heißt wenn wir es als Frau schaffen die Testosteronproduktion des Mannes und als Mann die Östrogenproduktion der Frau anzukurbeln, werden wir unmittelbar attraktiver auf unser Objekt der

Begierde wirken. Natürlich gilt dies nicht ausnahmslos für alle Menschen und es gibt sicherlich Ausnahmen aber im Grunde genommen sind wir biogenetisch so gestrickt„Ich fühle mich in seiner Nähe so weiblich“ oder „bei Ihr fühle ich mich männlicher als bei anderen Frauen“ sind beispielhafte Aussagen hierfür. Aber wie erreichen wir dies genau? Wir können uns bei Begegnungen mit anderen Menschen bewusst in einen Gefühlszustand versetzen, in dem unser Körper Pheromone ausschüttet, um damit passende Partner besser „anziehen“ und für uns interessieren zu können. Ein einfacher, aber effektiver Tipp ist es sich kurz vor der Begegnung mit einer Person, die uns interessiert sich eine klare Vorstellung über eine mögliche positive Interaktion zu machen. Beispielweise stellen wir uns plastisch vor, wie wir die Person zärtlich berühren oder liebevoll küssen. Diese Vorstellung wird entsprechende Gefühle und folglich auch entsprechen körperliche Vorgänge in uns in Gang setzen. Wir werden die positiven, glücksbringenden Gefühle spüren und sofort den Fokus von unserem Denken in unseren Körper verlagern. Zudem werden Sexualbotenstoffe ausgeschüttet, die unser Gegenüber auf unbewusster Ebene wahrnimmt. Spannung und das Gefühl sich bei dem anderen wohl zu fühlen, sind dann oft das Ergebnis.

Außerdem wird sich durch die Änderung unsere Gefühle unmittelbar auch unser körperlicher Zustand, unsere Haltung und unsere Stimme verändern. Unterschätzen Sie die Wirkung von sexueller Energie, die wir in uns erzeugen nicht. Mit einiger Übung und richtig angewandt, kann diese uns unseren Zielen in Bezug auf Attraktivität und Charisma näherbringen!

3. Die Einstellung zählt

Wollen wir attraktiv auf anderen Menschen wirken, helfen alle Tipps, Tricks und Äußerlichkeiten nichts, wenn die Einstellung, die wir zu uns, unserem Körper, unseren Mitmenschen und der Welt um uns haben, negativ ist. Unsere eigene Attraktivität ist etwas, das wir selbst fühlen und ausstrahlen. Wenn wir voller negativer Gedanken, Unsicherheiten, Ängste oder gar Feindseligkeit sind, werden wir egal, was wir tun, es nicht dauerhaft schaffen attraktiv auf andere Menschen zu wirken. Wir können niemanden von etwas überzeugen, an das wir im Grunde genommen selbst nicht glauben. In dem Fall davon, dass wir wertvoll und attraktiv sind und es verdient haben ein Leben in Fülle und Überfluss zu leben. Wer attraktiv wirken will, muss zunächst einmal entspannt, positiv und interessiert an anderen Menschen und dem Leben sein, um die richtige Energie auszustrahlen. Er muss der Überzeugung sein selbst liebenswert zu sein und die Fähigkeit haben auch in seinem Gegenüber einen liebenswerten und interessanten Menschen zu sehen.

Zudem sollten wir, um Anziehung zu erzeugen, uns von der Vorstellung lösen bedürftig zu sein und vom anderen zwingend bestätigt werden zu müssen, um glücklich zu sein. Wer seine Aufmerksamkeit und Zuneigung frei schenken kann, ohne vom Ergebnis seines Handels abhängig zu sein, oder zwingend auf Gegenliebe zu stoßen, ist frei und wird paradoxerweise attraktiver auf seine Mitmenschen wirken. Bringen Sie sich daher in eine positive Grundstimmung, zeigen Sie Interesse und seien Sie bereit sich auf die Begegnung mit einem anderen Menschen einzulassen, gleich wie diese aussehen wird. Das sind die besten Voraussetzungen, um attraktiv zu wirken und die richtige Chemie zu erzeugen.

4. Selbstbewusstsein

Es gibt kaum etwas, das einen Menschen attraktiver für andere macht als Selbstbewusstsein. Menschen, die sich Ihres Wertes bewusst sind, die diesen nicht von der Meinung und dem Verhalten anderer abhängig machen und sich gleichzeitig nicht über andere stellen und nicht lautstark auf sich aufmerksam machen müssen, sind ein wahrer Segen für sich und Ihre Umwelt. Eines der wichtigsten Dinge, die Selbstbewusstsein bewirkt ist, dass es uns die Freiheit gibt so zu sein, wie wir sind. Wir sind dann nicht von Dritten abhängig und können frei und unbedarft agieren, da wir die tiefe Überzeugung haben, so wie wir sind in Ordnung zu sein. Selbstbewusstsein ist im Gegensatz zur oft vorherrschenden Meinung, eher still und nicht laut und prahlerisch. Selbstbewusstsein ist mit Nichten mit Extrovertiertheit gleichzusetzen. Stille und eher introvertierte Menschen können sehr selbstbewusst und stark in Ihren Überzeugungen sein, auch wenn sie nicht gerne im Mittelpunkt stehen.

Aber was ist es das Selbstbewusstsein attraktiv macht?

Selbstbewusstsein suggeriert emotionale Stärke

Und wer will nicht, dass die Person an seiner Seite stark ist und auch in schwierigen Situationen bereichernd und eine Unterstützung sein kann.

Selbstbewusste Menschen stehen für Klarheit, Entschlussfähigkeit und Stärke

Wir wollen nicht ständig von Menschen umgeben sein, die das Leben als Last sehen, stets hadern oder zögern. Selbstbewusstsein wiederum steht dafür handeln zu können und damit ein glückliches und erfülltes Leben zu erschaffen.

Selbstbewusste Menschen strahlen Ihren Wert aus

Wir nehmen den Wert wahr, den sich ein Mensch selbst gibt. Ist jemand im Reinen mit sich und selbstbewusst, halten wir diesen ebenfalls für wertvoll.

Selbstbewusste Menschen stehen für weniger „Drama“

Menschen, die sich selbst mögen, werden viel weniger in Konflikte mit anderen geraten oder künstlich "Dramen" erschaffen. Wenn Dinge oder Menschen ihnen nicht gefallen, werden sie nicht verkrampft versuchen diese zu ändern, sondern ihre Energie auf sinnvollere Dinge richten.

Selbstbewusste Menschen wirken sexuell attraktiver

Wer sich wohl in seinem Körper fühlt, strahlt das auch aus und wird Menschen anziehen, die dies erkennen und ihre Nähe suchen.

Dies sind nur einige der vielen Gründe, warum Selbstbewusstsein attraktiv ist und warum das Erkennen unseres natürlichen Selbstwertes sehr lohnend und ein absoluter Booster für unsere Attraktivität ist.

5. Ein aufregendes Leben haben

Viele Menschen tendieren dazu große Erwartungen in andere zu setzen und sich von einem potentiellen Partner, sämtliches Glück und andauernde Zufriedenheit zu erhoffen. Wenn Sie aber einmal ehrlich zu sich selbst sind, würden Sie sich von einem Menschen angezogen fühlen, der sein Glück gänzlich von Ihnen abhängig macht und kein eigenes Leben und keinerlei Interessen hat? Wahrscheinlich nicht, oder? Die meisten Menschen finden nämlich Personen attraktiv, die selbst ein erfülltes und aufregendes Leben haben und niemanden zwingend für ihr Glück brauchen. Das macht sie unabhängig, zeugt von emotionaler Reife und nimmt Druck aus einer potentiellen neuen Beziehung. Zudem wirkt ein spannendes Leben auch attraktiv auf andere Menschen, da sie sich dadurch selbst inspiriert und bereichert fühlen.

Es gibt kaum etwas Anziehenderes als einen Menschen, der sein Leben liebt, seine Talente gänzlich lebt, geerdet ist und gleichzeitig voller Ideen und Kreativität steckt, und zwar unabhängig von seinem äußeren Erscheinungsbild! Sie werden sicherlich schon einmal einem solchen Menschen begegnet sein, der nicht den "klassischen" Vorstellungen von Attraktivität entsprach, der Sie aber unmittelbar auf Grund seiner Energie in seinen Bann gezogen hat. Solche Menschen sind Magneten für andere und auch Sie können ein solcher werden, indem Sie sich darauf konzentrieren zunächst Ihr eigenes Leben reicher und erfüllter zu gestalten! Probieren Sie es aus und konzentrieren Sie sich zunächst darauf Ihr Leben unabhängig von einem Lebenspartner reich und spannend zu gestalten. Trauen Sie sich Dinge, die Sie immer einmal tun wollten, auch in die Tat umzusetzen, treten Sie aus Ihrer Komfortzone heraus und entdecken Sie Möglichkeiten und Interessen, von denen Sie nie geglaubt hätten, dass diese für Sie existieren und Ihnen offenstehen. Die Erfahrung zu machen, Dinge zu erreichen, die man nicht für möglich gehalten hatte, wird Ihnen einen großen Schub bezüglich Ihres Selbstbewusstseins und Ihrer Selbstachtung geben. Dies wird Sie enorm bereichern und Sie nebenbei

6. Die Stimme

Wenn es um Attraktivität, Anziehung und Verführung geht, wird die Kraft und der Einfluss unserer Stimme stark unterschätzt und bleibt daher weitestgehend ungenutzt. Wenn Sie einmal an eine Filmszene denken, in der zwischen zwei Menschen sexuelle Spannung in der Luft lag, werden sie erkennen, dass die Personen wahrscheinlich in einer anderen Stimmlage kommuniziert haben, als es die meisten Menschen gewöhnlich im Alltag tun. Untersuchungen haben gezeigt, dass Menschen, wenn Sie eine andere Person, die Sie attraktiv finden für sich gewinnen wollen, Ihre Stimmlage etwas senken und ggf. auch Ihr Sprechtempo reduzieren.

Die Worte müssen natürlich nicht hingehaucht sein aber unsere Stimme gibt weit mehr über uns preis und vermag mehr in anderen auslösen, als wir vielleicht zunächst annehmen würden. Eine Person, die hektisch, schnell und mit hoher Stimme spricht, wird vermutlich als unsicher wahrgenommen und nicht gerade attraktiv auf einen potentiellen Partner wirken. Auch wenn es sicherlich Geschlechtsunterschiede gibt, wirkt eine ruhige, weiche aber gleichzeitig starke Stimme attraktiv. Stimmlage, Tempo und Intonation sind nur einige Schrauben, an denen wir drehen können, um attraktiver zu wirken. Männer empfinden es oft als angenehm, wenn Frauen mit einer weichen Stimme voller Empathie und etwas leiser als gewohnt sprechen. Es erfordert dann nämlich besondere Konzentration oder sogar ein körperliches Näherkommen, um nichts zu verpassen. Zudem suggeriert eine weiche Stimme in Kombination mit bedachter und differenzierter Wortwahl Intelligenz, Selbstbewusstsein und Stärke. Eine ruhige Stimme vermag es zudem die anfängliche Unsicherheit in einem Flirt zu entspannen und sorgt dafür, dass sich die Gesprächspartner wohler fühlen. Wir Menschen glauben zudem evolutionsbedingt anhand der Stimme einer Person auf weitere körperliche Eigenschaften dieser schließen zu können. Daher achten Sie demnächst während Ihren sozialen Interaktionen wie Ihre Stimme in bestimmten Situationen genau klingt:

- Wie sprechen Sie mit Familienmitgliedern?
- Wie mit Freunden?
- Wie mit Arbeitskollegen?
- Wie mit Vorgesetzten?
- Wie mit Frauen?
- Wie mit Männern?
- Wie verändert sich Ihre Stimme je nach Gemütslage und Tageszeit?

Machen Sie den Versuch und zeichnen Sie Ihre Stimme auf und hören sich diese an. Sie können sich in verschiedene Gemütszustände und Gefühle versetzen und einen Text aus dem entsprechenden Gefühl heraus vorlesen. Sie werden erstaunt sein welche Facetten Ihrer Persönlichkeit Sie in Ihrer Stimme entdecken und damit ausdrücken können. Sie können mit etwas Übung mit Ihrer Stimme zuverlässiger und schnelle Anziehung erzeugen und charismatisch auf andere Menschen wirken, als mit vielen Äußerlichkeiten, die gemeinhin als attraktiv gelten. Probieren Sie es aus...

7. Standards haben und Grenzen setzen

Dies ist ein Punkt, über den Sie im Zusammenhang mit Attraktivität vielleicht nicht allzu oft etwas lesen werden. Allerdings ist er von immenser Bedeutung, wenn wir langfristig interessante, liebevolle und selbstbewusste Menschen in unser Leben ziehen wollen und um gleichzeitig nicht passende Personen möglichst schnell "aussortieren" zu können. Vielen Menschen fällt es schwer, wenn Ihnen jemand gefällt kühlen Kopf zu bewahren und die eigenen Standards aufrechtzuerhalten. In dem Gefühl jemand ganz Besonderes gefunden zu haben, verbiegen sich die meisten und akzeptieren Verhaltensweisen, die normalerweise dazu geführt hätten, dass sie sich von einer Person entfernen. Wir lassen dann Dinge mit uns machen, die uns nicht guttun und ignorieren, dass der andere bewusst oder unbewusst unsere Grenzen überschreitet. Und wie sehen darüber hinweg nur weil wir uns stark zu der Person hingezogen fühlen...

Jemand, der keine Grenzen hat oder nicht weiß, wie er diese schützen kann, wirkt jedoch enorm unattraktiv. Dies suggeriert der anderen Person, dass man sich seines Wertes nicht bewusst ist und für ein wenig Zuneigung bereit ist einiges zu tolerieren. Menschen spüren dies intuitiv und werden es, auch wenn Sie zunächst keine schlechten Absichten hatten, ausnutzen. Wir bezahlen dies dann im schlimmsten Fall mit dem Verlust unserer Selbstachtung, was einer Katastrophe gleichkommt. Auf der anderen Seite sind Menschen, die wissen was Sie wollen und dies ohne große Worte kommunizieren, ein wahrer Magnet für andere. Diese Menschen schaffen es eine klare Linie zu ziehen, von der sie wissen, dass wenn diese überschritten ist, sie reagieren werden. Das tun sie jedoch nicht voller Wut oder Groll, sondern bestimmt und aus liebevoller Selbstachtung heraus. Sie kommunizieren dies nicht lautstark oder als Drohung nach dem Motto, „wenn du dies und jenes tust, dann werde ich wütend, liebe dich nicht mehr oder bestrafe dich“. Ganz im Gegenteil: Standards zu haben ist ein wesentlich leiseres Unterfangen: Wer klare Grenzen hat, wird sich still aber bestimmt verhalten und sich entfernen, wenn er merkt, dass der andere seine Grenzen überschreitet und ihm langfristig nicht guttut. Er wird den anderen nicht zu einem bestimmten Verhalten zwingen, sondern schlicht und einfach die eigenen Grenzen akzeptieren. Jemand der Standards hat, kommuniziert zudem mit seinen Taten und nicht nur mit Worten. Dies ist ein kleiner, aber feiner Unterschied und macht sofort attraktiver!

8. Ein guter Zuhörer sein

Wollen Sie attraktiver auf andere Menschen wirken, müssen Sie sich zunächst einmal selbst für andere interessieren. Es ist ein wesentliches menschliches Bedürfnis sich gesehen und verstanden fühlen zu wollen und von anderen anerkannt und gemocht zu werden. Und was könnte attraktiver sein als sich in jemanden zu verwandeln, der diese Bedürfnisse in anderen befriedigen kann? Hierbei handelt es sich aber weder um eine Taktik noch um eine Strategie, denn nur wenn das Interesse am anderen echt ist, werden Sie Ihr Ziel erreichen. Ein wesentlicher Schritt dabei ist es ein aufmerksamer und aktiver Zuhörer zu werden. Was die meisten Menschen tun, wenn Sie mit anderen kommunizieren (und auch Sie werden sich vielleicht schon einmal dabei ertappt haben), ist dass Sie während der andere spricht darüber nachdenken, was sie selbst sagen möchten. Sie warten dann quasi auf Ihren Einsatz, an dem sie selbst einsetzen können.

Dieses Verhalten erstickt echte Kommunikation unmittelbar und führt dazu, dass beide Gesprächspartner unbefriedigt aus dem Gespräch gehen. Haben Sie diese Erfahrung auch schon einmal gemacht? Ein interessierter Zuhörer hingegen hört zu, um zu verstehen und nicht um zu antworten! Sie brauchen keine Ratschläge zu geben. Das ist der entscheidend. Aufmerksames Zuhören bedarf neben der Konzentration auf das Gespräch auch Empathie und Verständnis für die Bedürfnisse anderer Menschen. Ein guter Zuhörer gibt seinem Gesprächspartner das Gefühl wichtig und der Mittelpunkt seiner Aufmerksamkeit zu sein. Das geschieht vor allem nonverbal durch unsere Körpersprache, Gestik und Mimik. Wenn Sie auf diese Art kommunizieren wird der andere dies unmittelbar merken und auch Sie interessanter und spannender finden. Ein aufmerksamer Zuhörer kann zudem auch Stille und Leerlauf in einem Gespräch ertragen. Das bedeutet, dass er nicht jede Pause aus eigener Unsicherheit bzw. Verlegenheit sofort durch etwas füllen muss. Bewusst für einige Sekunden zu pausieren und mit der eigenen Antwort abzuwarten, nachdem unser Gegenüber seinen Gesprächspart beendet hat, ist in diesem Zusammenhang ein enormer Trigger für das Erzeugen von Sympathie und Attraktivität. Ihr Gegenüber wird Sie als empathisch, geduldig, selbstbewusst und aufmerksam wahrnehmen, ohne dass Sie wirklich viel getan haben, außer ein guter Zuhörer zu sein!

9. Spielerisch, humorvoll und gleichzeitig interessant sein

Kaum etwas wirkt auf andere Menschen attraktiver, als wenn wir es uns gelingt eine Atmosphäre zu schaffen, in der sich der andere entspannt und wohl fühlt. Am besten erreichen wir dies, indem wir spielerisch und humorvoll sind und vor allem über uns und die Situation, in der wir uns befinden lachen können. Wer selbstbewusst und ehrlich ist und Kommunikation und Dating mit einem Augenzwinkern betrachten kann, hat bereits gewonnen. Es gibt zudem eine „entwaffnende“ Ehrlichkeit in der Kommunikation mit anderen, wenn wir aus unseren tiefsten Wahrheiten und Überzeugungen kommunizieren und gleichzeitig das Ganze mit ein wenig Humor würzen.

Viele Menschen sind es heutzutage nicht mehr gewohnt, wenn Ihnen andere vollkommen ehrlich und ggf. auch verletzlich gegenübertreten. Ihr Gegenüber wird erkennen, wenn Sie authentisch sind und Sie als selbstbewusst und wertvoll wahrnehmen. Zudem wird es für die andere Person ebenfalls einfacher sich zu öffnen. Wenn wir es dann auch noch schaffen etwas Spannung zu erzeugen, haben wir bereits gewonnen. Den besten Eindruck, den wir hinterlassen können, ist wenn jemand das Gefühl hat über alles mit uns sprechen zu können, ohne dass er letztendlich viel Objektives über uns weiß. Wir müssen nicht mit der Tür ins Haus fallen, unsere ganze Lebensgeschichte von Anfang bis Ende erzählen, nur um erkannt und verstanden zu werden. Unsere Ideen, Ansichten und unsere Fähigkeit im Moment zu verweilen und diesen zu genießen, werden unserem Gesprächspartner mehr über uns verraten als es eine chronologische Auflistung unserer Lebensereignisse es tun kann.

Wenn Sie erfolgreich flirten wollen, seien Sie zudem verspielt und bauen Sie Spannung mit Worten aber auch mit Ihrer Mimik, Gestik, und Körpersprache auf. Seien Sie präsent und nehmen Sie wahr was Sie fühlen. Erleben Sie den Augenblick mit all Ihren Sinnen und nicht nur mit Ihrem Kopf, der Ihnen vielleicht sagt, dass Sie sich auf eine bestimmte Art und Weise verhalten müssen, um den anderen von sich zu überzeugen. Ganz im Gegenteil wer zu bemüht erscheint, wird alles andere als attraktiv wirken. Zusammenfassend: Zeigen Sie Interesse, ohne sich anzubiedern, seien Sie ehrlich, ohne sämtliche Ihrer Geheimnisse preiszugeben und nutzen Sie Ihren Körper und Ihre Gefühle bewusst und die Aufmerksamkeit der anderen ist Ihnen gewiss.

10. Sich nicht bedürftig fühlen

Um ein Magnet für andere Menschen zu werden, müssen Sie sich klarmachen, dass Sie nicht abhängig sind. Für Ihr Glück und Ihre Zufriedenheit ist kein anderer zuständig. Wer sich dieser Tatsache bewusst ist, dem wird auch das ggf. fehlende Interesse einer anderen Person nicht zu sehr treffen. Natürlich möchten wir gemocht werden, aber es ist kein Beinbruch, wenn wir mal nicht auf Gegenliebe oder Interesse stoßen. Es ist nämlich vollkommen normal! Nicht alle Menschen sind mit uns kompatibel und auch einmal enttäuscht zu werden, ist Teil eines erfüllten und gelebten Lebens. Auch Menschen, die den gängigen Schönheitsidealen entsprechen oder besonders erfolgreich sind, werden abgelehnt. Niemand ist davor gefeit.

Wenn wir attraktiv auf andere wirken wollen, ist es von enormer Bedeutung, dass wir nicht bedürftig sind. Wir müssen selbst der festen Überzeugung sein etwas zu "geben" zu haben und dass unsere Zeit und unsere Zuneigung für den anderen ein Geschenk sind und nicht der Ausdruck unseres eigenen Wunsches nach Liebe und Anerkennung. Wenn wir dies erkennen, befinden wir uns bereits in einem Zustand von Fülle und Überfluss und können Geben ohne zwingend etwas zurückerwarten zu müssen. Der Akt des Gebens ist dann schon Belohnung und Gegenliebe nur ein schönes Beiprodukt aber kein Muss. Denken Sie einmal an Ihre eigenen Erfahrungen: Von jemandem gemocht und geliebt zu werden, der einen nicht zwingend für sein Glück braucht, ist vielleicht eine der schönsten Erfahrungen, die wir mit einem anderen Menschen machen können. Es nimmt den Druck aus unseren Interaktionen und lässt uns so sein, wie wir sind, ohne uns verstellen oder eine Rolle spielen zu müssen. Machen Sie sich immer wieder klar was Sie zu geben haben ist gut und wertvoll und wenn es jemand nicht annehmen kann oder will, ist dies nicht Ihr Problem, sondern der Verlust Ihres Gegenübers. Diese Einstellung ist weder überheblich noch beinhaltet sie Frust oder Groll. Sie ist vielmehr Ausdruck unseres Selbstbewusstseins und unserer Fähigkeit zu Lieben.

Probieren Sie es demnächst aus und betrachten Ihre Zuwendung an den anderen als kostbares und einmaliges Geschenk. Sie werden schnell merken, wie Sie sich unmittelbar besser fühlen und für wie viele Menschen Sie eine Bereicherung sind und gleichzeitig selbst auch attraktiver werden!

11. Physische Barrieren abschaffen

Ein einfacher psychologischer Trick, um auf andere attraktiver zu wirken und im wahrsten Sinne des Wortes nahbarer zu sein, ist es physische Barrieren zwischen uns und anderen zu reduzieren. Aber was ist damit genau gemeint? Unser Unterbewusstsein unterscheidet nicht zwischen emotionalen und tatsächlichen Barrieren und wenn Gegenstände zwischen uns und anderen stehen, dann fühlen wir uns unserem Gegenüber auch weniger verbunden und empfinden eine größere Distanz. Und dies geht auch dem anderen so.

Das bedeutet, dass jemand mit dem wir uns über einen Tisch, eine Bar oder einen Tresen, unterhalten die Kommunikation als distanzierter wahrnehmen wird, als wenn zwischen uns diese Barriere nicht existieren würde. Natürlich bedeutet dies nicht, dass wir nicht auch trotz Barrieren gute und innige Gespräche führen können, allerdings fällt es uns leichter entspannt zu kommunizieren, wenn keine Barrieren existieren. Dies gilt beispielsweise auch für vor dem Körper verschränkte Arme, ein Glas oder das Smartphone, dass wir während einer Unterhaltung in unserer Hand halten. Auch wenn wir dies meist selbst nicht so wahrnehmen, stellen diese und ähnliche Dinge häufig Barrieren dar, die unserem Gegenüber mehr oder weniger das Gefühl geben, es "stände etwas zwischen uns". Nicht umsonst gibt es dieses Sprichwort, das es auf den Punkt bringt. Wollen Sie also attraktiver auf andere Menschen wirken, achten Sie demnächst darauf, wann und wo Sie solche Barrieren aufbauen. Manchmal tun wir dies unbewusst, wenn wir uns unsicher fühlen und uns sprichwörtlich auf einer Party an unserem Glas festhalten. Manchmal tun wir es aber auch einfach aus Unachtsamkeit oder weil wir es einfach nicht besser wissen. Wenn Sie das nächste Mal mit einer Person ins Gespräch kommen wollen, achten Sie genau darauf, welche Barrieren sich zwischen Ihnen befinden und bauen Sie diese ganz bewusst ab und positionieren Sie sich neu. Zugegebenermaßen erfordert dies ein gewisses Maß an Mut, aber Sie werden positiv überrascht sein, wieviel entspannter sich Menschen Ihnen gegenüber verhalten, wenn Sie einmal die trennenden Barrieren "niederreißen". Viel Spaß beim Ausprobieren!

12. Namen sind Gold wert

Es klingt banal, aber wollen Sie sympathischer auf andere Menschen wirken, merken Sie sich die Namen der Menschen, die Ihnen begegnen. Und zwar von allen! Wie oft ertappen sich viele von uns dabei, dass wir zwar nach dem Namen einer Person fragen, uns diesen aber dann doch nicht merken. Oder wir hören nicht konzentriert zu, wenn sich uns jemand vorstellt und haben dann in wichtigen Situationen den Namen einer Person nicht parat. Letztendlich zeugt dies entweder von mangelndem Interesse oder von Fahrigkeit. Beides sind leider keine Dinge, die unsere Attraktivität bei anderen steigern.

Wir alle möchten gesehen werden und auch wenn es trivial klingt, wenn jemand unseren Namen nennt, fühlen wir uns unmittelbar gesehen und erkannt. Daher sollten wir auch selbst aufmerksamer anderen Menschen gegenüber sein, wenn diese sich vorstellen. Dies ist bereits ein guter Anfang. Und probieren Sie es aus: seien Sie konzentriert, wenn Sie das nächste Mal jemanden kennenlernen. Nehmen Sie sich gezielt vor sich den Namen zu merken und lassen Sie diesen unmittelbar in Ihr erstes Gespräch einfließen. Sie sollten es nicht übertreiben, aber zwei- oder dreimal Ihr Gegenüber direkt anzusprechen kann sicherlich nicht schaden. Wenn Sie die persönliche Ansprache dann noch mit einem Lächeln garnieren können, wird Ihnen dies viele Sympathien einbringen und Ihre Attraktivität unmittelbar steigern!

13. Achten Sie auf Ihre Hände

Wenn man darüber nachdenkt was attraktiv und charismatisch ist, sind unsere Hände nicht gerade das erste, was uns in den Sinn kommt. Natürlich sind gepflegte Hände ein schönes Attribut, aber dies ist hiermit nicht gemeint. Hände und unsere Gesten sind wichtige Werkzeuge, wenn wir als vertrauensvoll, sympathisch und attraktiv wahrgenommen werden wollen. Aber warum ist das so? Das hat zum Teil evolutionäre Gründe; anhand von Handbewegungen konnten unsere Vorfahren die Absichten einer Person erkennen. Hatte unser Gegenüber einen Speer oder ein anderes Werkzeug in der Hand, das Gefahr bedeuten konnte? War er Feind oder kam er in friedvoller Absicht? All dies konnte an den Händen abgelesen werden. Und auch wenn wir heute zumeist in der glücklichen Position sind uns nicht gegen physische Bedrohungen wehren zu müssen, werden sich viele Menschen irgendwie unwohl fühlen, wenn unser Gegenüber seine Hände versteckt.

Jemand, der seine Hände hinter dem Rücken verschränkt oder sie in den Hosentaschen hat, wird oft für Unbehagen oder zumindest eine gewisse Distanz sorgen, die wir uns im ersten Augenblick vielleicht nicht erklären können. Zum einen ist diese Reaktion, wie erwähnt ein evolutionäres Relikt, zum anderen können wir aber auch durch unserer Hände Dingen, die wir verbal kommunizieren Nachdruck verleihen. Wir kommunizieren dann nicht nur auf verbaler Ebene, was wir vermitteln wollen, sondern unterstreichen es mit unserer Gestik. Sind unsere Äußerungen und unsere Körpersprache stimmig, wirken wir authentisch und dadurch sympathisch und in vielen Fällen auch attraktiv auf andere. Wir sollten dabei insgesamt darauf achten, dass unsere Handbewegungen offen und weich sind. Zudem je höher (bezogen auf unsere Körpermitte) unsere Handbewegungen stattfinden, desto sympathischer und kompetenter wirken wir. Gute Redner sprechen daher indem sie zahlreiche Gesten vor Ihrem Oberkörper machen, die sich zumeist auf Höhe zwischen Bauchnabel und Schlüsselbein befinden. Vermeiden sollten Sie hingegen Handbewegungen unterhalb des Hüftbereiches. Diese wirken wenig anziehend auf andere und können sogar den Eindruck erwecken, dass wir etwas zu verbergen haben. Zeigen Sie im Gespräch, wenn Sie gestikulieren zudem Ihre Handinnenflächen. Diese und die Beugeseiten unserer Arme sind besonders "sensible" Stellen und Sie signalisieren dadurch auf unbewusster Ebene Verwundbarkeit. Durch das Exponieren dieser Körperstellen zeigen wir, dass wir dem anderen vertrauen und wirken dadurch sympathischer und nahbarer. Sie sollten zudem vermeiden mit dem Finger auf andere Menschen zu zeigen oder damit umherzufuchteln. Dies wird oft als Aggressivität gedeutet und wird sie unsympathischer erscheinen lassen. Sie sehen, es gibt hier zwar eine Menge zu beachten, aber wenn wir uns unserer Gestik bewusst sind, können wir diese dafür nutzen Vertrauen aufzubauen und engere und innigere Beziehungen zu anderen Menschen zu etablieren.

14. Spiegeln

Vielleicht haben Sie schon einmal davon gehört, aber nur wenige Menschen wenden das "Spiegeln" bewusst an, um attraktiver zu wirken. Auch wenn das Spiegeln im ersten Moment ungewöhnlich erscheint, ist es im Grunde genommen eine vollkommen natürliche Sache, die wir unbewusst sowieso praktizieren, wenn wir jemanden mögen. Aber worum handelt es sich dabei überhaupt? Spiegeln ist im Grunde genommen das zeitlich kurz versetzte Imitieren der Körpersprache unseres Gesprächspartners. Wir können das Spiegeln dazu nutzen, um eine positive Stimmung zwischen uns und unserem Gegenüber zu erschaffen. Menschen, die sich sympathisch sind, passen sich ganz natürlich aneinander an, wenn sie miteinander interagieren. Das heißt sie gleichen sich in Dingen wie Sitzposition, Ihrer Haltung und Ihren Bewegungen, aber z.B. auch in der Tonalität Ihrer Stimme an. Wenn Sie ein harmonisches Gespräch oder einen erfolgreichen Flirt beobachten, werden Sie sehen, dass die beiden Partner irgendwie im Einklang miteinander erscheinen.

Gibt es jedoch große Unterschiede in den Bewegungen, der Stimmlage etc., kann man davon ausgehen, dass es nicht so gut läuft, auch wenn es hierbei natürlich auch Ausnahmen gibt. Aber wie können wir diesen spannenden Aspekt der Körpersprache für uns nutzen? Entscheidend ist es sich zunächst einmal selbst zu beobachten, wenn wir kommunizieren. Wann fühlen wir uns besonders wohl? Was tun wir und unser Gegenüber in diesen Situationen, wie bewegen wir uns und wie nutzen wir in diesen Momenten unsere Stimme? Wie verhält sich unser Gesprächspartner und wie haben wir und unser Gegenüber uns verhalten als wir zuletzt einmal in einer nicht ganz so schönen Unterhaltung steckten? Je genauer Sie schauen, desto mehr Gemeinsamkeiten bzw. Unterschiede werden Sie entdecken. Aber wie genau können Sie dies nutzen, wenn Sie attraktiver wirken möchten? Natürlich sollten Sie nicht spiegeln nur um andere zu manipulieren, sondern diese Technik dazu nutzen, um die Distanz zwischen Ihnen und Ihrem Gegenüber zu verringern und eine positive Atmosphäre zu schaffen. Wichtig ist hierbei, dass Sie es nicht übertreiben. Allzu offensichtliches "Kopieren" des anderen kann schnell missverstanden werden und der Effekt ins Gegenteil umschlagen. Sie können sich allerdings ganz bewusst in die Stimmung des anderen einfühlen, sich seinen Bewegungen und seinem Sprechtempo anpassen. Achten Sie auf kleine Bewegungen und Mimik und versuchen Sie diese, ohne es zu übertreiben, einige Sekunden später in ähnlicher Form zu wiederholen. Setzen Sie sich ähnlich hin, beobachten und imitieren Sie die Position und Stellung der Hände. Sie sollten sich aber dadurch nicht vom Inhalt des Gespräches und vom Wesentlichen ablenken lassen. Mit etwas Übung wird das Ganze zu keinem gekünstelten Unterfangen, denn wie bereits erwähnt oft tun wir diese Dinge unbewusst sowieso, wenn uns jemand sympathisch ist. Probieren Sie es einmal aus, Sie werden erstaunt sein über die Erfahrungen, die Sie machen werden.

15. Zeigen Sie anderen Menschen was Sie fühlen

Zeigen Sie demnächst häufiger was Sie wirklich fühlen. Hiermit ist nicht gemeint, dass Sie anderen Menschen sofort alle Ihre Geheimnisse offenbaren, mit der Tür ins Haus fallen, Ihre bedingungslose Liebe gestehen oder aber distanzlos sein sollten. Es bedeutet vielmehr, dass Sie in Ihren Interaktionen authentischer und ehrlicher sein sollten. Einer der schnellsten Wege attraktiver auf andere Menschen zu wirken und gemocht zu werden, ist wenn wir ehrlich mit unseren Gefühlen umgehen können. Menschen fühlen sich wohl in der Nähe von Personen, die Kontakt zu ihren Gefühlen haben und die sich trauen Ihre Sympathie und Zuneigung für andere offen zu zeigen, ohne diese zu bedrängen. Natürlich gibt es auch den Fall, dass wir uns unbehaglich in der Gegenwart einer Person fühlen, von der wir wissen, dass diese uns mag. Dies ist aber nur der Fall, wenn der andere aufdringlich und bedürftig wirkt oder nicht erkennt, wenn er unsere Grenzen überschreitet. Menschen hingegen, die selbstbewusst und gleichzeitig achtsam Ihre aufrichtige Sympathie für andere bekunden können, sind eine Rarität und fast ausnahmslos sehr wohltuend.

Seien Sie zudem häufiger mutig und sprechen Unausgesprochenes und Dinge aus, die sich andere nicht trauen zu benennen. Sie werden überrascht sein wie oft andere Menschen dankbar sind, wenn Sie das Gefühl haben jemand interessiert sich für mehr als Ihre oberflächliche Fassade und traut sich dies auch zu kommunizieren. Dabei sollten Sie natürlich niemals Menschen bloßstellen, hier ist sicherlich Fingerspitzengefühl gefragt. Versuchen Sie zudem demnächst weniger darauf zu achten, ob andere Menschen Sie mögen, sondern versuchen Sie selbst sich anderen Menschen wohlwollend und empathisch zu nähern. Halten Sie bewusst Ausschau nach sympathischen Eigenschaften Ihrer Mitmenschen und scheuen Sie sich nicht ehrliche Komplimente zu machen. Dies sollten Sie natürlich nicht nur tun, um selbst gemocht zu werden. Seien Sie aufrichtig und freuen sich über jedes Lächeln und die Freude, die Sie im anderen erzeugen. Aber wie gesagt bleiben Sie ehrlich und werden nicht zum oberflächlichen Schmeichler. Menschen spüren ziemlich genau, ob Interesse echt oder nur geheuchelt ist. Wir sind leider oft darauf trainiert zu kritisieren und das „Schlechte und Fehlerhafte“ in anderen zu sehen. Da sich alles, worauf wir uns konzentrieren potenziert, sollten wir versuchen uns bewusst auf Positives zu fokussieren. Gutes zu entdecken, wird zudem auch Ihre eigene Energie positiv beeinflussen, was wiederum als Nebeneffekt Ihre eigene Attraktivität steigert.

16. So naheliegend: Lächeln Sie

Es erscheint banal und eigentlich naheliegend, aber dennoch tun es die wenigsten, wenn Sie attraktiv wirken wollen, lächeln... Ein ehrliches Lächeln wirkt sofort vertrauensvoll und kann unmittelbar eine Brücke zwischen zwei Menschen schlagen. Sie werden sicherlich schon einmal auf der Straße von einer fremden Person ohne offensichtlichen Grund angelächelt worden sein und nach kurzer Überraschung wahrscheinlich das Bedürfnis gehabt haben zurückzulächeln. Ein echtes Lächeln entzieht sich weitestgehend unserer Vernunft und sozialen Normen, da es mitunter unbewusste Hirnregionen anspricht, die sich unserem rationalen Verstand oft entziehen. Damit erklärt sich, warum ein echtes Lächeln in uns eine unzensierte und ungefilterte Reaktion auslöst. Es stimmt also: Lächeln ist ansteckend! Ein Lächeln und die damit verbundene Freude kann unserem Gegenüber zudem signalisieren, wie wir zum Leben stehen. Es steht für die Fähigkeit das Leben zu genießen, für Lebensfreude, aber auch für Empathie und Vitalität. Die meisten Menschen erkennen zudem ziemlich zuverlässig, ob unser Lächeln echt ist, oder nur dem Wunsch entspringt etwas zu erreichen, bzw. andere zu manipulieren.

Wenn Sie also attraktiver auf andere Menschen wirken wollen, ist es unabdingbar, dass Sie insgesamt glücklicher sind und dass Ihr Lächeln Ausdruck echter Freude und nicht einfach nur aufgesetzt ist. Spannend ist auch die Tatsache, dass wir uns selbst unmittelbar glücklicher fühlen, wenn wir lächeln (auch wenn wir eigentlich keinen Grund dazu hätten). Biochemische Prozesse sorgen für dieses Glücksempfinden, allerdings erfordert dies etwas Geduld. Das Lächeln muss einige Sekunden gehalten werden bis unsere Gefühle dem Körper folgen. Tun wir dies regelmäßig, werden wir sicherer und können positive Gefühle quasi auf Knopfdruck erzeugen. Aber verwechseln Sie hier bitte zwei Dinge nicht: Es geht nicht um ein aufgesetztes Lächeln; dauerhaft unsere wahren Gefühle zu unterdrücken, nur um nach außen positiv, professionell oder stark zu wirken, hat nichts mit dieser Technik zu tun. Den Trick aber zu nutzen, um uns in Situationen, in denen wir neuen Menschen begegnen und unsicher sind, selbstbewusster und charismatischer wirken zu lassen, ist Gold wert.

17. Balance zwischen Innerem und Äußerem

Wollen Sie attraktiv auf andere Menschen wirken, dann muss Ihr “Gesamtpaket“ stimmen. Es bringt Ihnen nichts, wenn Sie den perfekten Körper, die teuerste Kleidung oder die besten Accessoires haben, solange es mit Ihrem Selbstwert nicht passt. Und diese Kombination ist leider gar nicht so selten. Es gibt eine Menge Menschen, die genau dies sind: sie sind top gestyled und wirken nach Außen als hätten Sie alles: Attraktivität, Glück und Erfolg. Aber ein kurzes Gespräch oder ein aufmerksames Beobachten genügt und Sie merken schnell wie die Fassade dieser Menschen bröckelt und die vermeintliche Attraktivität schwindet...

Wenn Sie also nicht mit einem natürlichen Selbstbewusstsein gesegnet sind, dann arbeiten Sie an sich: Üben Sie sich darin sich selbst genauso zu akzeptieren, wie Sie nun einmal sind. Lernen Sie liebevoll mit sich und Ihren Fehlern umzugehen und auch andere Menschen zu akzeptieren, ohne über diese zu urteilen. Werden Sie entspannter und alle um Sie herum werden dies bemerken und sich unmittelbar wohler in Ihrer Nähe fühlen. Menschen, die sich in unserer Gegenwart wohl fühlen und das Gefühl haben, dass wir authentisch sind, werden uns viel eher vertrauen und sich uns gegenüber schneller öffnen. Und raten Sie mal: genau das ist es, was wiederum unsere Attraktivität auf andere ausmacht. Daher kümmern Sie sich aktiv auch um Ihr inneres Wohl: Lernen Sie, entwickeln Sie sich und bleiben Sie neugierig. Entdecken Sie Neues und verlassen Sie öfter Ihre Komfortzone. Seien Sie kreativ und sorgen Sie gleichzeitig aber auch für regelmäßige Phasen von Erholung, Ruhe und Entspannung, um Ihre Kräfte bündeln zu können und um herauszufinden was Ihnen wirklich wichtig ist. Befassen Sie sich mit Themen und Dingen, die über Ihre persönlichen Interessen hinausgehen, beschäftigen Sie sich mit Sinn, engagieren Sie sich z.B. sozial und seien Sie öfter dankbar für all das, was Sie haben und bzw. können. Sie werden schnell merken wie Sie erfüllter durchs Leben gehen und zu einem Menschen-Magneten werden.

18. Ihre Haltung zählt

Neben der richtigen inneren Einstellung ist es in der Tat eine gute körperliche Haltung, die uns attraktiv macht und anderen Menschen nonverbal signalisiert, wie wir im wahrsten Sinne des Wortes im Leben, und zu uns selbst stehen. Die beste Einstellung, Erfolg und ein ansprechendes Äußeres werden uns nicht weit bringen, wenn wir uns körperlich im wahrsten Sinne des Wortes klein machen. Wer mit hängenden Schultern, gebeugtem Kopf schluffig durch seinen Alltag geht, wird nur selten attraktiv auf andere Menschen wirken. Wir werden dann eher als unsicher, desinteressiert und ggf. auch als verschlossen wahrgenommen.

Auch wenn wir den Blickkontakt einer anderen Person nicht halten können, werden wir als unsicher wahrgenommen oder aber der andere glaubt, dass wir etwas zu verstecken hätten. Und das entspricht im übertragenen Sinn sogar der Wahrheit: Menschen, die den Blicken anderer ausweichen, befürchten nicht selten in Ihrer Unsicherheit ertappt zu werden. Sie glauben ihr wahres Selbst nicht mehr verstecken und die Fassade, die sie im Normalfall haben, nicht mehr aufrechterhalten zu können, wenn Sie dem anderen tief in die Augen blicken. Selbstbewusste Menschen hingegen stehen fest mit beiden Beinen auf dem Boden, gehen aufrecht und halten Schultern und Kopf aufrecht. Sie sehen andere Menschen an und können auch unangenehme Situationen ertragen. Sie versuchen zudem bewusst die Körpersprache des anderen wahrzunehmen und wissen diese zu deuten. Bewusste Menschen haben ein Gespür für Zwischentöne und erkennen, in welchen Zustand ihr Gegenüber sich befindet und beziehen nicht alles auf sich selbst. All das macht diese Menschen mit

“Haltung“ sympathisch und andere Menschen suchen gerne die Nähe dieser Personen. Sie sollten zudem auch eine gute Haltung einnehmen, auch wenn Sie alleine und unbeobachtet sind. Denn die “Leitung“ zwischen Ihrem Körper und Ihrer Seele ist immer aktiv. Sie werden schnell merken wie sich Ihre aufrechte Haltung auf Ihre Gefühle und letztendlich in Selbstbewusstsein verwandeln wird. Probieren Sie es aus!

19. Ihre Aufmerksamkeit macht Sie attraktiv

Es ist so banal aber enorm wirkungsvoll: Sie werden Ihre Attraktivität auf andere spielerisch steigern, wenn Sie Ihrem Gegenüber das Gefühl geben, dass er im Fokus Ihrer Aufmerksamkeit steht. Sie signalisieren damit der anderen Person, dass diese wichtig für Sie ist und das ist für jeden etwas Besonderes. Sie erreichen dies u.a. mit Ihrer Körpersprache. Schauen Sie Ihr Gegenüber im Gespräch an, wenden Sie sich körperlich Ihrem Gesprächspartner zu und vermeiden Sie körperliche Barrieren, wie zum Beispiel verschränkte Arme. Sorgen Sie zusätzlich dafür, dass Sie bei wichtigen Gesprächen ungestört sind und nicht ständig durch andere, ein Smartphone oder eine laute Gesprächskulisse unterbrochen und gestört werden. Ihr Gesprächspartner wird sich wertgeschätzt fühlen und sich Ihnen viel eher öffnen. Versuchen Sie zudem Ihr Gegenüber wirklich zu verstehen

und nicht einfach irgendwelche Ratschläge zu geben. Denn Menschen wollen das Gefühl haben gesehen und verstanden zu werden, als dass sie sich wünschen mit Ratschlägen bombardiert zu werden. Die Kunst bei all dem ist nicht nur so zu tun als ob wir uns interessieren, sondern uns tatsächlich für die andere Person zu interessieren. Dies setzt voraus, dass wir uns selbst kennen und akzeptieren und die Fähigkeit besitzen uns selbst aufmerksam und wohlwollend zu begegnen. Wer in Konflikt mit sich selbst und seinem Leben ist, wird nur selten die Muße und Ruhe haben sich einer anderen Person gänzlich zu widmen. Aber darum geht es letztendlich, wenn wir eine andere Person in unseren Fokus stellen und Ihr unsere ganze Aufmerksamkeit widmen wollen! Betrachten Sie Ihre

Aufmerksamkeit als Geschenk und versuchen Sie diese demnächst Menschen, für die Sie sich interessieren und von denen Sie glauben, dass diesen Ihre Aufmerksamkeit helfen könnte, zu schenken!

20. Grüßen Sie überschwänglich

Wenn Sie unmittelbar eine positive Atmosphäre zwischen sich und einer anderen Person erschaffen möchten, dann begrüßen Sie diesen überschwänglich, so als würden Sie dieser Person zu einem besonderen Lebensereignis gratulieren. Übertreiben Sie es nicht, aber seien Sie positiv, annehmend und freudig. Geben Sie Ihren Gegenüber das Gefühl, dass Sie sich aufrichtig freuen ihn zu sehen (und tun Sie dies letztendlich auch). Der Verlauf einer Begegnung wird meist durch den Beginn dieser geprägt: wirken Sie träge und gelangweilt, wird daraus in den wenigsten Fällen etwas Fruchtbares erwachsen. Sind Sie hingegen enthusiastisch und positiv, wird auch Ihr Gesprächspartner präsenter sein. Auch in diesem Zusammenhang gilt das etwas Übung den Meister macht. Probieren Sie es aus: Zu Beginn wird es Ihnen vielleicht noch etwas befremdlich vorkommen Menschen in alltäglichen Situationen überschwänglich zu begrüßen, aber Sie werden schnell merken wie bereichernd diese kleine Veränderung für Ihre sozialen Interaktionen sein wird. Sie werden sofort aus der Menge herausstechen, denn die meisten kriegen im Alltag kaum mehr als ein gezwungenes „Guten Morgen" heraus. Außerdem werden Sie schnell merken, dass sich Menschen, die sich von Ihnen gesehen und angenommen fühlen, sich Ihnen gegenüber schneller öffnen werden und Sie letztendlich eher sympathisch und attraktiv finden.

21. Anhimmeln nicht mit Verliebtheit verwechseln

Wenn uns jemand gut gefällt und wir im Prozess des Flirtens dieser Person gefallen wollen, passiert manchmal etwas Komisches. In unserem Eifer übersehen wir dann etwas Wichtiges, das gegenseitige Anziehung und Attraktivität ausmacht. Wir erleben in einer solchen Situation unsere eigenen Gefühle sehr intensiv, denken ständig an das Objekt unserer Begierde und malen uns die Zukunft in den buntesten Farben aus. Dies sind auch Dinge, die wir tun, wenn wir uns verlieben, aber es gibt einen kleinen, aber feinen Unterschied zwischen Verlieben und Anhimmeln. Sich zu verlieben und das Wecken von Interesse bei der anderen Person geschehen nahezu simultan. Das heißt beide Personen schaukeln sich in Ihrem Interesse füreinander und Ihrem Glücksempfinden auf. Auch wenn nicht immer beide gleich aktiv sind, besteht dennoch ein Gleichgewicht in dem Maß, in dem beide Personen Ihr Interesse bekunden und sich um den anderen bemühen. Wenn wir hingegen jemanden anhimmeln, ist dies nicht der Fall. Hierbei neigen wir dazu uns eine Scheinwelt zu erschaffen und den anderen zu idealisieren. Dies mag sich zu Beginn auch gut anfühlen, wird das Ganze aber zu einer Art "Vergötterung" des anderen, sollten Ihre Alarmglocken klingeln. Erwachsene Zuneigung muss zwar nicht immer auf Gegenseitigkeit beruhen, aber sie erschöpft sich nicht in der Schwärmerei für eine andere Person. Sie erkennt an, wenn die Realität nicht den eigenen Wünschen entspricht und weiß sich dann auch zum Selbstschutz zu entfernen. Wenn Sie von jemandem hin und weg sind die Frage: Handelt es sich um eine fixe Idee oder beruht das Interesse auf Gegenseitigkeit? Sie werden sich ggf. viel Leid und vergeudete Zeit ersparen...

22. Kurz warten bevor man antwortet

Die meisten Menschen haben es leider verlernt innige, authentische und befriedigende Unterhaltungen mit anderen Menschen zu führen. Attraktivität aber lebt von Interaktion und nur diejenigen, die die Fähigkeit besitzen ihr Gegenüber wirklich zu verstehen und gute Gefühle im anderen zu erzeugen, werden charismatisch und attraktiv wirken. Aber was ist das Geheimnis? Wie können wir während einer Unterhaltung sympathisch, charismatisch und attraktiv auf unseren Gesprächspartner wirken? Hier spielen sicherlich viele Komponenten eine Rolle, wie z.B. die Biochemie, der Kontext des Gesprächs aber auch das intellektuelle Niveau der Beteiligten, allerdings gibt es Verhaltensweisen, die uns helfen können Anziehung zu erzeugen.

Der vielleicht effektivste Weg, der dabei so simpel anmutet, ist die Pause im Gespräch. Während die meisten Menschen in einem Gespräch nur Ihren Einsatz abwarten, um dann das zu äußern, was sie sich zwischenzeitlich überlegt haben, ist es wesentlich effektiver und sinnvoller "wirklich" zuzuhören. Und zwar nicht nur um zu antworten oder einen Rat zu geben, sondern um den anderen tatsächlich zu verstehen! Wenn wir im Gespräch eine kleine Pause machen bevor wir antworten, insbesondere wenn uns jemand etwas Emotionales und für ihn Wichtiges erzählt, fühlt sich unser gegenüber sofort ernst genommen und verstanden. Gewöhnen Sie sich daher an einige Sekunden abzuwarten bevor Sie in einem Gespräch antworten. Dieser kleine Kniff, so simpel er ist, wird sofort dazu führen, dass Menschen sich gehört und verstanden fühlen. Probieren Sie es einfach mal aus, Sie werden erstaunt sein.

23. Takten Sie Ihre Aussagen

Sie haben vielleicht schon einmal bemerkt, dass wenn wir unsicher und nervös sind, wir dazu tendieren schneller und meist ohne Punkt und Komma sprechen. Wir versuchen damit unsere Unsicherheit zu überspielen und das, was wir sagen wollen sozusagen schnell hinter uns zu bringen. Nichts verrät Sie in dem Fall aber schneller als die Nervosität in Ihrer Stimme und ein monotones und schnelles Sprechtempo. In diesem Bereich können wir uns etwas von charismatischen Rednern abschauen. Diese besitzen die Fähigkeit mit ihrem Sprechtempo, ihrer Intonation, bewusst eingesetzten Pausen und dem Takten ihrer Aussagen sofort eine spannendere Atmosphäre zu erschaffen, die die Zuhörer in ihren Bann zieht. Tempo und Timing sind hier entscheidend. Das wird jeder wissen, der schon mal einen Witz erzählt hat, der eigentlich gut war, aber irgendwie nicht so richtig ankam. Es gibt wiederum Menschen, die jede Aussage, sei sie noch so banal, charismatisch und amüsant würzen können und dabei enorm souverän wirken.

Erfahrene Redner oder auch "Flirter" schaffen es auch durch das Tempo des Gesagten ihr Gegenüber zu fesseln. Auch Sie können dies lernen und anwenden. Wenn Sie beispielsweise bewusst Pausen in einem Gespräch einlegen, geben Sie Ihrem Gegenüber die Möglichkeit, die erhaltenen Informationen auf kognitiver, aber auch emotionaler Ebene zu verarbeiten. Dies ist wesentlich effektiver, als Ihre Aussage zu erklären oder aus Unsicherheit wieder abzuschwächen. Und genau das ist es, was wir oft tun. Aus Unsicherheit versuchen uns zu erklären oder uns gar zu rechtfertigen. Dies wirkt aber alles andere als souverän. Sie werden dagegen wesentlicher selbstbewusster wirken, wenn Sie durch Gesprächspausen zeigen, dass Sie hinter dem Gesagten stehen. Sie signalisieren damit auch, dass Sie mit Stille und Unsicherheit umgehen können. Außerdem können Sie durch eine bewusst gesetzte Pause Ihrem Gesprächspartner signalisieren, dass nun etwas Wichtiges folgt. Dies wird die Aufmerksamkeit Ihres Gegenübers auf unterbewusster Ebene wecken. Er oder Sie wird gespannt sein auf das was nun folgt und anschließend wesentlich eingebundener in das Gespräch sein. Und Sie können sich sicherlich vorstellen, dass jemand, der Spannung und Vorfreude in einem Gespräch erzeugen kann auf Anhieb als charismatischer und attraktiver wahrgenommen wird. Vielen Menschen ist dieses so wirkungsvolle Instrument in der Kommunikation gar nicht bewusst. Wenn Sie aber einen Schritt weiter gehen wollen und zu anderen Menschen eine tiefere Verbindung erschaffen wollen, lohnt es sich, sich in dieser Fähigkeit zu üben und auf Tempo und die Taktung Ihrer Aussagen zu achten.

24. Wiederholen der letzten Phrase

Menschen wollen gehört werden und sich verstanden fühlen. Wenn wir es schaffen einer anderen Person zu signalisieren, dass wir dies tun, wirkt sich dies unmittelbar auf unsere eigene Attraktivität aus. Aber verstehen Sie dies bitte nicht falsch. Es geht hier nicht lediglich um Tricks, die uns beliebter beim anderen machen sollen, damit wir uns damit aufwerten können. Sie können alle Hinweise, Empfehlungen und Techniken in diesem Buch nutzen, wenn Sie sich aber nicht aufrichtig für Ihr Gegenüber und Menschen im Allgemeinen interessieren, werden Ihre Begegnungen nur kurzfristig ergiebig sein und Sie niemals wirklich erfüllen!

Wenn Sie hingegen wirkliches Interesse an anderen Menschen und potentiellen Partnern haben, gibt es wie schon aufgezeigt verschiedene Wege, dies unserem Gegenüber auch zu signalisieren. Ein simpler, aber sehr effektiver Weg besteht darin, dass wir im Gespräch die letzten Worte unseres Gegenübers wiederholen oder das Gesagte kurz zusammenfassen. Dies ist sehr effektiv, da es den menschlichen Wunsch gehört werden zu wollen befriedigt. Wenn wir unserem Gegenüber diesen Gefallen tun und durch das Wiederholen einer Phrase, die dieser gerade geäußert hat zeigen: „ich habe dich gehört, ich verstehe dich", wird dies unmittelbar das Vertrauen unseres Gegenübers wecken. Ein simples Beispiel, wie dies angewendet werden kann: Erzählt Ihnen jemand etwas Persönliches und endet mit den Worten „das war schwierig für mich", können Sie dies mit einem empathischen Nicken aufgreifen und die Worte wiederholen: „Ich verstehe, das war also schwierig für dich". Sie werden merken, Sie müssen gar nicht viel sagen, um zu zeigen, dass Sie aufmerksam zuhören und ihr Gegenüber verstehen. Ich wiederhole noch einmal, hier sollte Ihr wirkliches Interesse Motivator sein und nicht der Wunsch andere zu unseren Zwecken zu manipulieren! Sie sollten diese Technik auch dosiert und zurückhaltend einsetzen, denn Sie kann schnell als zu viel, albern oder als reines Nachplappern gedeutet werden. Im richtigen Maß angewendet ist Sie aber ein effektives Werkzeug, um innige Verbindungen zu anderen aufzubauen!

25. Geben Sie auf sich acht, auch äußerlich

Sowohl unser innerer als auch unser äußerer Zustand bestimmen darüber, wie wir auf andere Menschen wirken. Wir geben vor allem äußerlich viel über uns preis, das unser Gegenüber bewusst aber auch unbewusst aufnimmt und das letztendlich darüber entscheidet wie charismatisch oder attraktiv wir wahrgenommen werden. Durch unser Aussehen, unseren Pflegezustand, unsere Gesundheit, unsere Kleidung, unseren Stil und unser Verhalten geben wir anderen Indizien darüber, wie liebevoll wir mit uns selbst umgehen und ob wir uns um uns kümmern.

Und dadurch teilen wir anderen auf unterbewusster Ebene mit für was wir uns selbst werthalten und wie wir von anderen behandelt werden wollen. Das hat rein gar nichts mit einer Oberflächlichkeit zu tun, in der Menschen enormen Wert auf ihr äußeres Erscheinungsbild legen, nur um innere Unsicherheiten und Defizite auszugleichen. Hier gemeint ist das Zelebrieren der eigenen Person, indem man sich selbst als körperliches und sinnliches Wesen wahrnimmt und sich liebevoll und mit Freude um sich selbst kümmert. Dies ist weder an Mode, Schönheitsideale, Gewichtsnormen oder an unser Alter gekoppelt. Menschen, die sich auf seelischer und körperlicher Ebene selbst gernhaben, sind selten und stechen daher aus der Masse hervor. Dies tun sie nicht, weil sie sich in den Vordergrund drängen, sondern weil sie eine Aura aus Selbstannahme, Selbstbewusstsein und gleichzeitig Interesse für andere Menschen ausstrahlen. Menschen, die sich gut um sich selbst kümmern, sind auch in der Lage Ihre sozialen Beziehungen gut zu pflegen und sind oft wahre

Menschenmagneten!

26. Natürliche Distanz

Wollen wir attraktiv auf andere Menschen wirken, müssen wir eine Art natürlicher Distanz ausstrahlen. Dies hat nichts mit Taktieren oder sich rarmachen zu tun. Natürliche Distanz bedeutet in diesem Zusammenhang, dass wir ein spannendes und erfülltes Leben haben und dass unsere Zeit und Aufmerksamkeit dadurch begrenzt ist. Und was begrenzt ist, erscheint sofort attraktiv: Es gibt kaum etwas, dass anziehender wirkt als Menschen, die glücklich sind und ein aufregendes Leben führen. Dann werden andere automatisch angezogen, da sie diese Menschen auch als bereichernd für Ihr eigenes Leben empfinden. Ein aufregendes Leben zu haben heißt nicht unbedingt außergewöhnliche oder extreme Dinge zu tun.

Sie müssen keine gefährlichen Sportarten ausüben, in exotische Länder reisen oder verrückte Dinge tun, um attraktiv zu wirken. Es geht hier vor allem auch um Ihre innere Welt. Wie reich ist diese, welche Gedanken hegen Sie, in welchem Zustand befinden Sie sich die meiste Zeit? Können Sie sich am Leben, Menschen und der Natur erfreuen, oder brauchen Sie extreme Reize, um sich lebendig zu fühlen? Wie reich Ihre innere und äußere Welt ist spüren andere Menschen und dies kann Sie im Optimalfall für den anderen interessanter machen. Sie signalisieren durch die Vielfalt in Ihrem Leben auch potentiellen Partnern, dass Sie autark sind und den anderen nicht zwingend für Ihr Glück brauchen. Ihr Gegenüber kann sich sicher sein, dass er in einer Beziehung nicht zu Ihrer einzigen Glücksquelle wird. Das nimmt eine Menge Druck und wirkt wie ein Attraktivitätsbooster. Also seien Sie egoistisch: erschaffen Sie sich genau das Leben, dass Sie schon immer führen wollten und Sie werden merken, wie Sie im positivsten Sinn des Wortes zu einem „Menschenfänger“ werden, dessen Nähe andere suchen und genießen!

27. Blickkontakt

Es gibt kaum etwas in der Interaktion mit einem anderen Menschen außerhalb der verbalen Kommunikation, das so intensiv erlebt wird wie der Blickkontakt. Sind wir z.B. unsicher schauen wir zu Boden oder können den Blicken eines anderen nicht standhalten und weichen aus. Wir befürchten, dass der andere dann allein an unseren Augen etwas über uns erfahren könnte, was und unangenehm ist und was wir eigentlich verbergen wollen. Und auch wenn uns jemand zu nahekommt, neigen wir dazu Blickkontakt zu meiden. Denken Sie an Ihre letzte Fahrt in einem kleinen Aufzug. Die meisten von Ihnen werden eher auf den Boden geschaut haben als Ihrem Mitfahrer in die Augen. Sind wir hingegen selbstsicher und haben vertrauen in uns in einer bestimmten Situation haben wir auch keine Probleme den Blickkontakt zu halten. Wir signalisieren damit unbewusst, dass wir dem anderen vertrauen und auch selbst vertrauenswürdig sind.

Blickkontakt kann jedoch, wenn er falsch dosiert wird, zu Missverständnissen führen, als aggressiv, desinteressiert oder sogar als unterwürfig fehlinterpretiert werden. Menschen, die sich für andere interessieren und nicht enorm unsicher sind, sind meistens auch in der Lage den Blickkontakt zu halten. Sie signalisieren dem anderen durch das Fixieren, dass sie zuhören und dem anderen Ihre volle Aufmerksamkeit widmen. Charismatische Menschen starren andere jedoch nicht an. Ein Blick, der zu lange gehalten wird, kann als aufdringlich oder anderweitig befremdlich empfunden werden. Es gibt vermutlich keine optimale Dauer, aber Untersuchungen haben gezeigt, dass die meisten Menschen in Ihren sozialen Interaktionen einen Blickkontakt von ca. 3 Sekunden als adäquat und einen längeren bei flüchtigen Begegnungen als eher unpassend empfinden. Diese Zeitangabe gilt natürlich nicht immer. Ein frisch verliebtes Paar wird sicherlich einen längeren Augenkontakt halten und diesen auch genießen und auch Menschen, die sich gut kennen und vertraut sind, werden sich mitunter länger in die Augen schauen.Aber was können Sie nun tun, wenn Sie durch Blickkontakt Interesse signalisieren wollen? Zuallererst scheuen Sie den Blickkontakt zu potentiellen Flirtpartnern nicht! Suchen Sie diesen aktiv oder halten Sie ihn, wenn Sie merken, dass Sie jemand anschaut. Sie können das Ganze dann noch mit einem Lächeln garnieren, was Sie weniger bedrohlich macht und Ihr Interesse unterstreicht. Wenn Sie sich in einer größeren Lokalität, wie z.B. einem Café befinden und noch nicht mit dem Objekt Ihrer Begierde gesprochen haben, können Sie verschiedene Dinge tun, um den ersten Kontakt herzustellen.

Sie können beispielsweise wiederholt schauen oder wenn bereits Blickkontakt besteht sich kurz abwenden. Signalisieren Sie mit Ihrer lächelnd (ggf. mit einem Augenzwinkern) oder Ihrer Gestik, dass Sie sich ertappt fühlen. All das kann spielerisch dabei helfen den Kontakt zu einer anderen Person zu initiieren und als attraktiver wahrgenommen zu werden. Wenn Sie bereits ein spannendes Gespräch mit einer Person führen und die Chemie zu stimmen scheint, können Sie durch den sogenannten „Dreiecksblick“ weiteres Interesse bekunden. Indem Sie von einem Auge zum anderen und dann auf die Lippen Ihres Gegenübers schauen, bekunden Sie nahezu unmissverständliches Interesse. Das erfordert etwas Mut und dies sollten Sie auch nur dann tun, wenn Sie das Gefühl haben, dass das Interesse auf Gegenseitigkeit beruht. Ansonsten kann es schnell als vulgär oder aufdringlich gedeutet werden.

Der Blickkontakt allein ist ein isoliertes Signal und sollte immer im Gesamtkontext gedeutet werden. Lächelt Ihr gegenüber, wie weit sind seine Pupillen und wie fühlt sich die Interaktion insgesamt für Sie an? Um Sympathie zu deuten müssen viele Faktoren passen. Mit ein wenig Übung können Sie in Ihrem Alltag Blickkontakt gezielt eingesetzt und wohldosiert dazu nutzen, um Ihre Attraktivität auf andere Menschen zu steigern und spannende Begegnungen zu erschaffen!

28. Emotionale Reife

Wollen wir attraktiv auf andere Menschen wirken, müssen wir emotional reif und stabil sein. Denn Menschen, die sich und Ihre Emotionen nicht unter Kontrolle haben, werden nur in den seltensten Fällen als charismatisch oder interessant wahrgenommen. Niemand möchte mit einer Person zusammen sein, die Ihre Emotionen (vor allem die negativen) nicht im Griff hat und ein Spielball seiner Außenwelt und der Umstände ist. Aber was ist emotionale Reife genau? Emotional reife Menschen sind mit sich im Reinen, mögen sich, sind selbstbewusst und lassen sich durch Dinge, die nicht so laufen, wie sie sich das vorgestellt hatten, nicht aus der Bahn werden. Sie sind geerdet, verfügen über Lebenserfahrung und wissen, dass ihre Einstellungen und ihre Gedanken der Schlüssel zu Ihrem Wohlbefinden sind. Sie haben "Allmachtsphantasien" abgelegt und wissen, dass sie andere Menschen nicht zu Dingen oder zu Veränderungen zwingen können.

Das heißt nicht, dass Sie passiv das Leben und die Menschen ertragen, sondern genau wissen was sie verändern können und was es zu akzeptieren gilt. Solche Menschen sind durch die Ruhe und das Selbstbewusstsein, das sie ausstrahlen wahre Menschen-Magneten. Emotional unreife Charaktere hingegen neigen in allen Lebensbereichen zum Drama: Sie sind stets im Klinsch mit Kollegen, dem Nachbarn, der Freundin aber auch mit fremden Menschen. Zudem sind sie oft abhängig von der Bestätigung und Zuneigung anderer, was sie unvorhersehbar macht. Erhalten sie die erhoffte Bestätigung schweben sie auf Wolke sieben. Wird ihnen diese hingegen verwehrt, zweifeln diese Menschen an sich und sind mitunter zu Tode betrübt.Diese emotionale Imbalance lässt sie nur wenig attraktiv erscheinen und hält mögliche Flirt- und Lebenspartner auf Abstand. Sind wir emotional unreif (und das sind viele Menschen), gilt es zunächst an uns selbst zu arbeiten und uns gänzlich mit all unseren Stärken und Schwächen anzunehmen. Milde und freundschaftlich mit uns selbst umzugehen ist vielen fremd, ist aber der Schlüssel zu emotionaler Reife. Und haben wir diese einmal erlangt, werden wir unmittelbar merken, dass wir auch anderen Menschen viel wohlwollender und interessierter entgegentreten. Dies wird unmittelbar von unserem Gegenüber wahrgenommen und gespiegelt. Wir werden dann wesentlich häufiger auf Interesse und Zuneigung stoßen und im Umgang mit anderen entspannter sein, weil wir nicht auf Bestätigung und Gegenliebe angewiesen sind. Ein lohnenswertes Ziel!

29. Entspannen Sie Ihre Mimik

Wir reagieren in unseren sozialen Interaktionen oft unbewusst auf sogenannte Mikroexpressionen. Das heißt unser Gehirn prozessiert kleinste, aber auch flüchtige Veränderungen in der Mimik einer anderen Person. Wir erhalten darüber ziemlich zuverlässig Informationen in welchem Zustand sich unser Gegenüber befindet und für wie attraktiv wir diese Person einordnen. All das gilt natürlich auch für uns selbst. Mikroexpression, die zum Teil innerhalb von Bruchteilen von Sekunden ablaufen zu kontrollieren ist schwierig und oft auch gar nicht notwendig. Wir können allerdings etwas achtsamer mit unserer Körpersprache und Mimik umgehen. Jeder wird sich schon einmal in einer Situation, in der er angespannt war, dabei ertappt haben, wie angespannt er dann auch körperlich war. Wir sind dann quasi wie erstarrt. Manchmal sind unsere Fäuste geballt, unser Rücken durchgedrückt und in vielen Fällen wird auch unser Gesicht und unsere Mimik starr. Wenn uns jemand besonders gefällt und wir unsicher sind, neigen wir beispielsweise dazu unsere Lippen zusammenzupressen. Dies ist dann auch für unser Gegenüber ein untrügliches Zeichen dafür, dass wir unsicher sind, wodurch wir in den meisten Fällen nicht unbedingt souverän und anziehend wirken.

Wollen wir uns unmittelbar entspannen, können wir aber durchaus aktiv etwas tun, um unsere Nervosität zu mindern: Öffnen Sie Ihre Lippen leicht und Sie werden unmittelbar merken, wie Sie sich entspannen und auch Ihr Gesprächs- oder Flirt-Partner wird die Veränderung unbewusst wahrnehmen. Wichtig ist, dass wir uns dieser kleinen Dinge bewusst sind und die Möglichkeit haben, uns durch kleine körperliche Veränderungen auch psychisch zu entspannen. Und auch wenn

Sie nicht angespannt sind, ist ein entspannter und dezent geöffneter Mund ein Zeichen für Gelassenheit, Offenheit und Interesse. Stellen Sie sich einmal vor einen Spiegel und achten bewusst auf Ihre Mimik. Wie würden Sie schauen, wenn Sie sich freuen, überrascht oder interessiert sind? Üben Sie verschiedene Gesichtsausdrücke und haben Sie den Mut sich so zu sehen, wie andere Sie im Alltag nun einmal wahrnehmen. Behalten Sie Dinge bei, die Ihnen gefallen und versuchen Sie Dinge, die Ihnen nicht gefallen ein wenig anzupassen. Auch hier macht etwas Übung den Meister und wird Sie in Ihren sozialen Beziehungen entspannter und wenn Sie wollen auch das Quäntchen attraktiver machen.

30. Gehen Sie von Interesse aus

Wir leben in einer Gesellschaft, in der vor allem Frauen trotz Emanzipation dazu erzogen werden sich in vielen entscheidenden Dingen eher in Zurückhaltung und Bescheidenheit zu üben. Ein gewisses Maß an Understatement ist im Leben sicherlich notwendig, in Sachen Anziehung aber oft kontraproduktiv. Das heißt nicht, dass wir selbstverliebt oder überheblich sein sollten, sondern vielmehr, dass wir uns unseres eigenen Wertes bewusst sind und uns erlauben diesen auch aktiv auszustrahlen. Wenn wir attraktiv auf anderen Menschen wirken wollen, sollten wir häufiger davon ausgehen, dass diese uns bereits charismatisch und anziehend finden. Dies fällt vielen vor allem dann schwer, wenn Sie es mit jemandem zu tun haben, der ihnen selbst gefällt. Dann werden wir unsicher, zweifeln an uns und sagen uns Dinge wie: "der oder die ist eine Liga zu hoch für mich, der wird etliche andere Optionen haben, für Sie bin ich nicht männlich genug, hübsch genug" etc..

Diese oder ähnliche Gedankengänge schießen uns innerhalb von Millisekunden durch den Kopf und wir nehmen sie gar nicht mehr bewusst wahr. Dennoch wirken diese Überzeugungen und Glaubensätze im Hintergrund und beeinflussen unser Selbstbewusstsein und unser Verhalten nachhaltig. Wir können uns, wenn wir uns unserer Denkmuster nicht bewusst sind im Grunde genommen nicht dagegen wehren. Ich ermuntere Sie zu einem Experiment, das zugegebenermaßen etwas Mut erfordert: Gehen Sie, wenn Ihnen das nächste Mal jemand gefällt, davon aus, dass dieser Sie interessant, anziehend oder attraktiv findet. Gehen Sie in die Vorstellung, dass der andere Sie bewundert und schauen Sie was dies in Ihnen auslöst.

Verhalten Sie sich dann entsprechend und Sie werden schnell merken, wie gut es sich anfühlt. Sie werden sich unmittelbar besser und auch attraktiver fühlen und sich entspannen. Natürlich ist diese Technik keine Garantie dafür, dass die Menschen, von denen Sie sich Interesse erhoffen, sich auch immer zu Ihnen hingezogen fühlen. Unterschätzen Sie dennoch die Kraft der Eigenwahrnehmung nicht. Sie können im Grunde genommen nichts verlieren. Im Fall, dass Ihr Gegenüber Sie tatsächlich gut findet, haben Sie keine Gelegenheit verpasst und auch wenn dies nicht der Fall sein sollte wirken Menschen, die von sich überzeugt sind, enorm anziehend. Entweder Ihr Objekt der Begierde bemerkt das und wenn nicht, dann war sie oder er wahrscheinlich eh nicht passend für Sie!

31. Die Angst vor Zurückweisung verlieren

Es gibt etwas, das stark charismatisch und attraktiv wirkende Menschen gemeinsam haben: Sie habe keine Angst vor Zurückweisung. Das bedeutet nicht, dass sich diese Menschen nicht hinterfragen oder auch einmal unsicher sind, allerdings sind sie in Ihren sozialen Interaktionen dennoch sicher und selbstbewusst. Die meisten charismatischen Menschen haben diese Eigenschaft durch viele zwischenmenschliche Interaktionen gelernt und kultiviert. Wie schon häufig erwähnt, auch hier macht die Übung den Meister. Wenn wir aus Angst was andere von uns halten könnten, nicht das tun, was wir uns eigentlich wünschen, schneiden wir uns ins eigene Fleisch. Zum einen machen wir damit unsere Träume und Herzenswünsche zunichte und beschränken uns in unserer persönlichen Entfaltung. Zum anderen nehmen wir uns die Möglichkeit uns weiterzuentwickeln und neue Erfahrungen zu machen. Wir ziehen es dann vor in unserer Komfortzone zu bleiben nur um nicht aufzufallen oder zurückgewiesen zu werden. Kurzfristig vielleicht bequem aber langfristig leider fatal, wenn wir ein erfülltes Leben führen wollen. Ein weiterer Aspekt ist, dass unsere Angst etwas zu tun größer wird, wenn wir Dinge wiederholt vermeiden. Wir können dann keine korrigierenden Erfahrungen machen und erfahren dann nicht zu was wir eigentlich in der Lage sind.

Wenn wir uns aber trauen und trotz unserer Angst handeln, dann erleben wir häufig, dass etwas klappt, obwohl wir es uns zunächst nicht zugetraut hatten, oder aber wir merken, dass eine Niederlage oder Zurückweisung gar nicht so schlimm ist, wie wir zunächst angenommen hatten. All dies sind korrigierende Erfahrungen. Trauen Sie sich daher Kontakte mit Menschen zu knüpfen, fragen Sie nach dem Weg, sprechen Sie jemanden an, von dem Sie etwas wissen wollen, stellen Sie sich auf einer Party zu fremden Menschen oderprobieren Sie ein neues Hobby aus. Zugegebenermaßen, Sie werden sich vielleicht zu Beginn in manchen Fällen komisch fühlen, werden aber schnell merken, wie Sie immer sicherer in diesen zunächst noch fremden Situationen werden. Zu Beginn fühlen wir uns vielleicht von anderen beobachtet oder "dumm" und unsicher, aber wir merken oft schnell, dass vieles gar nicht so unüberwindbar war, wie wir zunächst dachten. Die Kunst ist es, trotz unserer Angst vor Zurückweisung zu handeln!

32. Verbundenheit spüren

In diesem Buch soll es um mehr gehen, als darum wie wir unsere Attraktivität auf andere steigern. Denn es nützt Ihnen nichts, wenn Sie attraktiv auf andere wirken, dies aber nicht genießen können und dabei nicht glücklich sind. Denken Sie an die vielen schönen Gesichter, die Menschen mit Traumkörpern, die aber dennoch tief unglücklich sind. Denn Attraktivität wird Ihnen langfristig kein Glück bringen, wenn Ihre innere Einstellung nicht stimmt. Wesentlich nachhaltiger als nur attraktiv zu gelten ist wenn Sie echte und tiefe Verbindungen zu anderen Menschen aufbauen und Verbundenheit spüren können.

Dies muss sich nicht auf Ihre intimen Beziehungen, Familie und enge Freundschaften beschränken. Sie können auch in Ihrem Alltag mit vielen Menschen innige und aufrichtige Verbundenheit aufbauen. Alles was es dafür braucht ist ein offener Blick, ein offenes Herz und die Bereitschaft authentisch zu sein. Seien Sie dabei aufmerksam und achten Sie nicht nur darauf was andere sagen, sondern versuchen Sie Ihr Gegenüber zu verstehen und auch zu erkennen, wenn jemand einmal nicht so gut drauf ist. Urteilen Sie nicht, beobachten Sie ein wenig und seien Sie bereit Ihre Hilfe anzubieten, wenn Sie glauben, dass Sie helfen können. Sie werden merken, dass Menschen unglaublich dankbar reagieren, wenn sie merken, dass jemand sich wirklich interessiert und nicht nur an der Oberfläche kratzt. Das heißt natürlich nicht, dass Sie die Sorgen anderer stets zu Ihren eigenen machen sollten, aber handeln Sie so, wie auch Sie es sich von anderen wünschen würden. Seien Sie großzügig mit Ihrem Lob und Komplimenten, ohne sich anzubiedern. Wir brechen uns keine Zacken aus der Krone, wenn wir andere anerkennen. Ganz im Gegenteil, sie werden gute Gefühle in anderen auslösen und auch wesentlich mehr Wohlwollen und Vertrauen von anderen entgegengenbracht bekommen. Probieren Sie es aus!

33. Vertrauenswürdigkeit macht attraktiv

Auf den ersten Blick wird dieser Punkt vielleicht als das genaue Gegenteil von Attraktivität und Aufregung wahrgenommen. Wer will schon in einer sich anbahnenden Liebesbeziehung als langweilig und berechenbar gelten? Aber die Wahrheit ist doch etwas komplexer. Vertrauenswürdigkeit sollte nicht unsere einzige Eigenschaft sein, mit der wir trumpfen können, allerdings nehmen wir Menschen, von denen wir uns gesehen und verstanden fühlen und denen wir nachweislich vertrauen können, nahezu immer als attraktiver wahr. Wird diese Eigenschaft dann noch mit anderen attraktiven Dingen, wie z.B. Humor oder der Fähigkeit flirten zu können garniert, werden Sie unwiderstehlich für Ihr Gegenüber werden.

Denn nur wenn sich Menschen sowohl auf körperlicher als auch auf emotionaler Ebene von uns angezogen fühlen, kann sich daraus eine tiefe Verbindung bzw. eine erfüllende Beziehung entwickeln. Vertrauenswürdigkeit suggeriert zudem, dass jemand emotional reif ist und in der Lage und gewillt ist sich zu kümmern und Verantwortung zu übernehmen. Aber wie werden wir vertrauenswürdig? Dafür gibt es sicherlich kein Patentrezept, wesentlich ist es jedoch sich aufrichtig für andere und Ihr Wohl zu interessieren. Das bedarf einer ausgeglichen reifen Persönlichkeit und der Fähigkeit sich und die eigene Meinung auch einmal in den Hintergrund stellen zu können. Zudem macht es uns vertrauenswürdig, wenn wir selbst in der Lage sind zu vertrauen. Dies äußert sich nicht nur im Vertrauen in andere Menschen, sondern auch in unserer Fähigkeit dem Leben und unserer Zukunft zu vertrauen. Fragen Sie sich daher: Wie zuversichtlich bin ich und wie sehr vertraue ich darauf, dass sich alles positiv und letztendlich meinen Wünschen entsprechend entwickeln wird? Je mehr Vertrauen Sie in Ihrem Leben haben, desto erfüllter können Sie selbst leben und werden wesentlich attraktiver und charismatischer auf andere wirken.

34. Ein Meister der Konversation werden

Vielen Menschen fallen Smalltalk und Unterhaltungen vor allem mit fremden Menschen schwer. Aber genau hier bietet sich die Möglichkeit spannende Personen kennenzulernen, neue Ideen und neuen Input zu erhalten. Die meisten erfolgreichen und auch attraktiv wirkenden Menschen sind sozusagen "Meister der Konversation". Dies bedeutet, dass sie sich nicht nur über belanglose Dinge unterhalten, sondern dass sie es schaffen Menschen in tiefgründige und spannende Unterhaltungen zu involvieren. Aber wie machen sie das genau?Zunächst einmal fernab von allen Strategien und auch auf die Gefahr der Wiederholung: Menschen, die die Kunst der Konversation beherrschen, interessieren sich für ihr Gegenüber. Sie widmen sich mit Ihrer ganzen Aufmerksamkeit empathisch Ihrem Gesprächspartner. Dies sie mitunter auch körperlich, indem Sie sich physisch zu ihrem Gesprächspartner wenden (z.B. mit Ihrem gesamten Torso). Außerdem vermeiden Konversationskünstler Ablenkungen. Eine solche Person wird während eines Gesprächs nicht das Handy in der Hand halten oder ständig auf das Display schielen. Denn dies signalisiert unserem Gegenüber, dass es etwas anderes gibt, was vermeintlich spannender ist als er.

Gute Gesprächspartner, die attraktiv für andere sind, sind vor allem auch "aktive" Zuhörer. Aktives Zuhören beinhaltet z.B. das Wiederholen der letzten Worte des Gesprächspartners oder das kurze Zusammenfassen des Gesagten. Dadurch signalisieren wir, dass wir aufmerksam und ganz bei der Sache sind. Wir unterbrechen unser Gegenüber nicht und lassen Pausen zu, in denen sich unser Gesprächspartner sortieren kann, ohne dass wir den Verlauf des Gesprächs aktiv bestimmen müssen. Aktive Zuhörer zeichnen sich aber auch durch Zurückhaltung aus: Auch wenn wir glauben etwas besser zu wissen, sind wir zurückhaltend und rücksichtsvoll mit der Äußerung unserer eigenen Meinung. Mimik und Gestik vermitteln ebenfalls Interesse und Gegenwärtigkeit. Wir können z.B. unserem Gesprächspartner an entscheidenden Stellen des Gespräches zunicken und signalisieren dadurch, dass wir das Gesagte verstehen und akzeptieren. Ferner lächeln aktive Zuhörer im Verlauf eines Gespräches häufig, sofern es angebracht ist und weichen dem Blick ihres Gegenübers nicht aus. Viele dieser Dinge wenden wir in einem interessanten Gespräch sowieso ganz natürlich an, ohne dass wir uns bemühen müssen. Aber durch die bewusste und gezielte Anwendung dieser Techniken, können wir auch vermeintlich weniger interessante Gespräche zu wertvollen Interaktionen machen und nebenbei zu einem Menschenmagneten werden.

35. Vergessen Sie Ihre Augenbrauen nicht

In Bezug auf Anziehung und Attraktivität werden immer wieder die Augen als Spiegel der Seele genannt und betont, dass unsere Augen unsere wahren Gefühle nicht verbergen können. Dies ist sicherlich auch häufig der Fall, aber es gibt einen Teil unseres Gesichtes, der oft unterschätzt und wenig beachtet wird und ebenfalls selten lügt. Dieser entscheidet unter anderem aber auf unbewusster Ebene binnen Millisekunden über Sympathie und Antipathie: Unsere Augenbrauen. Wir können Augenbrauen sowohl dafür nutzen, um eigenes Interesse zu signalisieren, können aber gleichzeitig auch bei anderen erkennen, was diese über uns denken und fühlen. Augenbrauen sind sehr ausdrucksstark und werden von den meisten Menschen nicht bewusst kontrolliert. Während es gesellschaftlich üblich ist ein Lächeln vorzutäuschen, das nicht echt ist, sind unsere Augenbrauen authentisch und werden nur selten manipulativ benutzt.

Im Gespräch können wir mit etwas Übung relativ schnell an der Bewegung der Augenbrauen erkennen, ob unser Gegenüber uns zustimmt oder aber verunsichert, überrascht oder gar wütend ist. Wir erkennen die Gefühle des anderen ziemlich zuverlässig und schnell, meist jedoch unbewusst. Oft sind es nur kleinste Bewegungen, die wir interpretieren im Zusammenhang mit sexuellem Interesse und Anziehung gibt es ein Zeichen, dass oft nur sehr flüchtig ist und daher von vielen Menschen übersehen wird. Treffen wir auf einen Menschen, den wir attraktiv finden, werden sich unsere Augenbrauen für einen Moment heben. Dies ist wie gesagt nur sehr flüchtig und wird daher oft übersehen. Dieses Signal steht für die Freude, die wir beim Anblick der anderen Person empfinden. Aber Vorsicht, die Mimik sollte in Zusammenhang zur gesamten Körpersprache und nur im Gesamtkontext gedeutet werden. Ein einziges Zeichen als Beweis für Sympathie oder Antipathie zu deuten, birgt die Gefahr von Missinterpretationen. Verlassen Sie sich hier neben Ihrer Beobachtungsgabe auch auf Ihre Intuition, aber achten Sie demnächst einmal mehr auf die Augenbrauen und schauen was diese Ihnen verraten!

36. Nicht nur Flirten wenn Sie jemanden attraktiv finden

Das vielleicht größte Missverständnis in Zusammenhang mit Flirten und Attraktivität ist, dass die meisten Menschen denken, dass sie nur dann flirten sollten, wenn sie auf Personen treffen, die sie toll und anziehend finden. Dies ist ein Irrglaube, denn Flirten ist eine Form der Kommunikation und zudem eine Lebenseinstellung, die etwas darüber aussagt wie spielerisch wir mit uns, unserer Sinnlichkeit und unserer Lebensfreude im Alltag umgehen. Zudem ist Flirten Ausdruck unseres Selbstbewusstseins und unserer Bereitschaft anderen unser Interesse offen zu zeigen.

Wenn wir nur dann flirten, wenn wir jemanden anziehend finden, werden wir es im schlimmsten Fall nur äußerst selten tun. Uns entgehen dann zahlreiche Möglichkeiten auf positive und spannende Art mit anderen zu kommunizieren. Flirten und unser Charisma sind keine Dinge, die wir nur dem anderen Geschlecht oder potentiellen Partnern vorbehalten sollten. Wenn wir zudem nur flirten, wenn unser Traumpartner um die Ecke kommt, werden wir auf Grund fehlender Übung unsicher und angespannt sein und die Wahrscheinlichkeit steigt, dass wir es vermasseln. Aber wie üben wir uns nun in der Kunst des Flirtens, um unsere Anziehungskraft zu steigern? Wichtig ist, dass wir Gelegenheiten zum Flirten erkennen und nutzen und das Ganze nicht zu ernst nehmen. Wie wir mit dem Kellner, der Kassiererin, unserem Trainer, unserer Ärztin aber auch mit Fremden umgehen, trägt wesentlich zu unserem täglichen Wohlbefinden bei. Sind wir dabei locker, können wir mit einem Augenzwinkern unsere Wünsche formulieren und sie bei Bedarf auch durchsetzen? Oder sind wir ständig von der Angst getrieben, was andere über uns denken könnten und sind daher immer ein wenig gehemmt in unseren Interaktionen? All das ist entscheidend und mit ein wenig Übung werden wir in unserer Kommunikation und unserer Flirtfähigkeit sicherer. Das wichtigste dabei ist, dass Sie üben, üben, üben! Nehmen Sie sich demnächst Ihren täglichen Gesprächen und Interaktionen zu sein. Versuchen Sie anderen zuzuhören, sie zu verstehen und mit Freude und Humor und wenn Sie möchten auch etwas neckend zu kommunizieren. Zensieren Sie sich nicht, es gibt keine Regeln. Etwas geheimnisvoll zu bleiben hilft allerdings um Spannung und Anziehung zu erzeugen und letztendlich attraktiver zu wirken...

37. Fake it till you make it?

“Fake it till you make it”, das werden viele schon einmal gehört haben. Auch wenn dieser Satz nicht uneingeschränkt gilt, kann diese Einstellung, wenn es um Kommunikation und Charisma geht enorm hilfreich sein. Aber was hat es mit dieser Aussage überhaupt auf sich? Wörtlich genommen heißt es in etwa, dass wir etwas so lange vorgeben sollten, bis wir es tatsächlich können. Zugegebenermaßen auf den ersten Blick ein etwas provokanten Konzept, aber was genau steckt dahinter? Wir werden in unserem Leben, sowohl im persönlichen als auch im beruflichen Bereich, immer wieder auf Herausforderungen treffen oder in Situationen geraten, in denen wir uns unsicher fühlen. Wenn etwas neu für uns ist und wir unerfahren sind, ist eine gewisse Unsicherheit nur natürlich und hat nichts mit unseren Fähigkeiten zu tun.

Nun gibt es zwei Möglichkeiten damit umzugehen: Zum einen können wir das, wovor wir uns fürchten meiden und dadurch unsere Angst aufrechterhalten. Dadurch hindern wir uns jedoch erfolgreich an unserer Entwicklung. Wir können aber auch den Mut aufbringen und trotz unserer Angst handeln. Wir riskieren dann zu Beginn zwar ggf. als inkompetent wahrgenommen zu werden, wenn wir uns aber über dennoch trauen, werden wir mit einer Menge an Erfahrungen belohnt und unsere Lernkurve steigt innerhalb kurzer Zeit enorm. Das “fake it until you make it-Konzept“ heißt natürlich nicht, dass Sie sich überschätzen oder fahrlässig handeln sollten. Sie sollten sich aber demnächst mehr zutrauen, in dem Wissen, das Fehler unvermeidbar sind, wenn Sie sich entwickeln wollen. Dies gilt auch im Umgang mit anderen: Je häufiger wir uns trauen mit anderen zu kommunizieren und unsere Komfortzone zu verlassen, desto erfahrener und auch unwiderstehlicher werden wir sein.

38. Strahlen Sie "gute" Eigenschaften aus

Charismatische Menschen haben etwas gemeinsam. Sie sind nicht arrogant, egozentrisch, unfreundlich oder pessimistisch. Nein, vielmehr vereinen charismatische und attraktive Menschen eine Menge "positiver" Eigenschaften. Sie sind freundlich, geerdet, zuversichtlich, selbstbewusst, interessiert aber gleichzeitig auch bestimmt und zielstrebig. Diese Menschen stehen fest im Leben und zeichnen sich dadurch aus, dass sie sich nicht durch andere Menschen und Umstände aus der Bahn werfen lassen. Sie sind konstant in Ihrem Denken und Tun und lassen sich auch nicht durch die eigenen Gefühle von ihrem Weg abbringen. Denn wie alle anderen Menschen, fühlen auch charismatische Menschen sich schon einmal unsicher, traurig oder sind sogar verzweifelt.

Der große Unterschied zu Menschen hingegen, die sich als Opfer Ihre Umstände und Gefühle empfinden ist, dass glückliche und erfüllte Menschen nicht in solchen negativen Zuständen verbleiben. Attraktive und glückliche Menschen zeichnen sich nämlich dadurch aus, dass sie sich Ihrer Gedanken und Gefühle bewusst sind und gleichzeitig immer wieder die beherzte Entscheidung treffen, glücklich sein zu wollen. Sie wissen, dass nicht erst bestimmte Umstände gegeben sein müssen, damit sie glücklich sind, sondern dass sie sich egal wie Umstände sein mögen immer wieder dafür entscheiden können glücklich zu sein. Das gibt diesen Menschen die Kontrolle über Ihr Leben und die Freude und Zuversicht, die sie dadurch ausstrahlen, wird bewusst oder unbewusst durch andere wahrgenommen. Wir alle genießen es mit Menschen zusammen zu sein, die in sich ruhen und gleichzeitig offen und interessiert sind. Daher versuchen Sie sich demnächst in schwierigen und herausfordernden Situationen klarzumachen, dass Sie mehr Macht über sich und Ihre Gefühle haben, als Sie vielleicht bisher geglaubt haben. Nehmen Sie eine positive und zuversichtliche Haltung an, auch wenn die Dinge nicht so laufen wie Sie sich das vorgestellt haben. Sie werden schnell merken, wie Sie sich weiterentwickeln und gleichzeitig werden Sie Ihre Anziehungskraft auf andere Menschen steigern!

39. Schwächen Sie Ihre Fragen ab

Wenn wir eine Verbindung zu anderen aufbauen wollen, haben viele von uns bereits den Ratschlag gehört, dass wir uns für unser Gegenüber interessieren und Fragen stellen sollten. Wenn Sie allerdings schon einmal Zeuge eines eher misslungenen Dates waren, werden Sie vielleicht Folgendes wahrgenommen haben: Eine Person stellt der anderen im Staccato-Stil Fragen, die aber eher den Gesamteindruck eines Verhörs vermitteln, als den Eindruck von wahrem Interesse erwecken. Das liegt unter anderem daran, dass unpersönliche Standardfragen, um so viele Informationen wie möglich über die andere Person zu sammeln, eher abschreckend und sogar berechnend wirken. Zum anderen macht ein derartig einseitiger Gesprächsverlauf die Kommunikation steif, wenig spontan und letztendlich uninteressant.

Denn in den wenigsten Fällen werden bei solch einer Unterhaltung Emotionen im anderen geweckt, denn der Austausch von Zahlen, Daten und Fakten sorgt dafür, dass auch das Gespräch auf dieser faktischen Ebene bleibt. Um dies zu umgehen und eine echte Verbindung bei einem Date aufzubauen, sollten Sie das Ganze anders angehen. Anstatt Fragen zu stellen wie: was machts du beruflich, wo kommst du her, was sind deine Hobbys etc., sollten Sie nach einer allgemeinen Einstiegsfrage, die Ebene Ihrer Fragen und somit der Unterhaltung wechseln: Stellen Sie tiefergehende Fragen, die nicht mit ja oder nein oder allgemeinen Floskeln beantwortet werden können. Fragen Sie Ihr Gegenüber z.B. warum genau er sich für seinen Beruf entschieden hat, was ihn generell antreibt, motiviert oder begeistert. Was sind seine

Ziele, was möchte er am Ende seines Lebens getan oder erreicht haben?

Sie werden so ohne Umwege an den wahren Charakter Ihres Gegenübers herankommen. Sie erkennen so enorm schnell wie der andere tickt, ob er ein bewusstes, erfülltes und reflektiertes Leben führt oder sich noch nie Gedanken über die entscheidenden Dinge im Leben gemacht hat. Ein positives Nebenprodukt einer solchen Kommunikation ist, dass sobald Ihr Gegenüber sich Ihnen öffnet und beim Erzählen der eigenen Interessen und Leidenschaften positive Gefühle erlebt, er diese mit Ihnen verbinden wird. Das wird dafür sorgen, dass Sie dem anderen in Erinnerung bleiben. Um beim Stellen solcher Fragen nicht zu aufdringlich oder gar aggressiv zu gelten, schwächen Sie Ihre Fragen etwas ab, um ihnen die Härte und Direktheit zu nehmen: Sagen Sie, warum Sie etwas fragen und Ihr Gegenüber wird sich unmittelbar weniger bedroht oder befragt fühlen. So etwas wie: „Ich bin neugierig, aber was ist es genau, dass dich an deinem Job fasziniert?" oder „ich interessiere mich sehr dafür was Menschen bewegt, daher was ist es, was dich morgens aus dem Bett treibt?" sind Beispiele hierfür und in jedem Fall besser als die Frage „was machts du beruflich?". Sie merken, dass dies unterschiedliche Ebenen sind, auf denen man kommunizieren kann, welche dann auch zu verschiedenen Ergebnissen führen. Wenn Sie diese kleinen, aber effektiven Techniken in Ihre Gespräche einbauen, werden Sie zum einen wesentlich mehr über andere erfahren und gleichzeitig selbst wesentlich empathischer, interessanter und letztendlich attraktiver wirken!

40. Hals und Hände zeigen

Im Zusammenhang mit Charisma und Attraktivität spielt unsere Körpersprache und Gestik eine entscheidende Rolle. Wenn wir jemanden attraktiv finden und nicht geübt darin sind bewusst auf unserer Körpersprache zu achten, verrät uns diese unmittelbar (dies muss natürlich kein Nachteil sein).Menschen, die sich zu anderen Menschen hingezogen fühlen, neigen dazu Ihre verletzlichen Körperstellen zu zeigen. Dies tun wir als Zeichen der Sympathie, des Vertrauens oder als unbewusste Geste der Unterwerfung. Eine dieser Stellen ist beispielsweise unser Hals. Vor allem Frauen, die sich zu einem Mann hingezogen fühlen, neigen und kippen Ihren Kopf und legen damit Ihrem Hals frei. Hin und wieder wird dann auch noch das Haar zur Seite geworfen, um einen freien Blick auf diese Partie zuzulassen.

Aber auch Männer tun dies, um zu signalisieren, ich interessiere mich, zeige mich dir authentisch und habe keine Angst davor mich auch körperlich verletzlich zu machen. Zudem befinden sich besonders viele Boten- und Lockstoffe in dieser Körperregion, so dass wir durch das unbewusste Positionieren dieser Partie unsere Pheromone aussenden. Aber es ist nicht nur der Hals und ein geneigter Kopf, der unsere Offenheit und Sympathie zeigt. Auch die Handgelenke und die Innenflächen unserer Hände nutzen wir häufig unbewusst, um zu zeigen, dass wir jemanden mögen. Gleichzeitig kommen wir dabei auch bei unserem Gegenüber besser an. Auch Gruppen reagieren auf diese Gesten. Beispielsweise werden Redner, die Ihre Handinnenflächen zeigen und damit einladende Gesten machen von Ihren Zuhörern als wesentlich sympathischer wahrgenommen als jene, die Ihre Hände kaum sichtbar haben oder nur wenige Handgesten nutzen. Wichtig ist zudem, dass unsere Gesten bezogen auf die Höhe nicht zu tief stattfinden. Das bedeutet, dass Handbewegungen, die ein Redner im Bereich des Oberkörpers ausführt, wesentlich vertrauenswürdiger und sympathischer wirken als solche, die Unterhalb der Gürtellinie stattfinden. Auch die Richtung unserer Handinnenflächen hinterlässt einen nachhaltigen Eindruck. Nach oben gerichtete Innenflächen wirken hierbei wesentlich angenehmer auf andere Personen als wenn die Handinnenflächen in Richtung Boden zeigen. Dies sind spannende Aspekte, die wir uns in unseren täglichen Interaktionen zu Nutze machen können, um unser Charisma zu steigern.

41. Souverän in Stresssitutationen

In schwierigen Situationen souverän bleiben zu können ist etwas, das uns generell im Leben helfen kann, aber vor allem im Beruf unser Charisma steigert. Wir alle kennen Sie, Menschen, die uns ständig erzählen wie beschäftigt und gestresst sie sind, dass sie noch extrem viel zu tun haben, dringend noch etliche Dinge erledigen müssen und wie schwierig all das für sie ist. Und verstehen Sie dies nicht falsch, natürlich gibt es etliche Situationen im Beruf, in denen Menschen überfordert sind, weil Sie mit Aufgaben bombardiert werden und eine schier unüberwindbare Menge an Aufgaben zugewiesen bekommen. Und auch die Stressresistenz von Menschen ist unterschiedlich und es gibt sicherlich Personen, die besonders gut mit Druck und Stress umgehen können. Gleichzeitig gibt es aber auch Menschen, die die negative Eigenschaft, sich ständig zu beschweren zu eigen gemacht haben. Sie nutzen dann das Erzählen ihrer stressigen Situation als Ventil um Druck abzubauen und versuchen gleichzeitig Aufmerksamkeit auf sich zu ziehen, u.a. in der Hoffnung Hilfe zu erhalten. Vieles davon ist verständlich und menschlich, aber nur selten zielführend.

Ein wesentlich souveränerer Ansatz ist es in schwierigen Situationen die Ruhe zu bewahren, durchzuatmen und offen zu kommunizieren, wo und von wem man Hilfe braucht, anstatt indirekt zu versuchen anderen ein schlechtes Gewissen zu machen. Versuchen Sie das nächste Mal, wenn Sie merken, dass Sie überfordert sind, tief einzuatmen und anstatt in blinden Aktionismus zu verfallen, kurz innezuhalten. Werden

Sie auch körperlich langsamer und souveräner. Bleiben Sie aufrecht und achten Sie darauf, dass Ihre Bewegungen nicht hektisch sind, sondern werden Sie bewusst langsamer und weicher. Sie werden merken, wie Sie die Kontrolle über die Situation behalten, auch wenn Sie objektiv noch nichts für die Lösung des Problems getan haben. Machen Sie sich zudem klar, was im schlimmsten Fall passieren kann, wenn Sie eine Aufgabe nicht unmittelbar zur Zufriedenheit aller erledigen können. Denn oft malen wir uns die Konsequenzen wesentlich schlimmer aus, als diese tatsächlich sind und setzen uns damit zusätzlich unter Druck. Und raten Sie mal: Menschen, die unter Stress souverän und selbstbewusst reagieren können (auch wenn diese natürlich auch unsicher sind), sind rar und ein wahrer Magnet für andere. Wir sehnen uns nämlich ob bewusst oder unterbewusst nach Personen, die uns den Weg weisen können, in der Lage sind beherzt zu handeln und Probleme zu lösen. Was könnte charismatischer sein?

42. Aus einem Elefanten eine Mücke machen

Wenn Sie attraktiver auf andere Menschen wirken wollen, dann werden Sie zum Problemlöser. Wir alle kennen sie: Menschen, die aus einer Mücke einen Elefanten machen können und die sozusagen an alltäglichen Problemen verzweifeln. Sobald etwas Unvorhergesehenes passiert, sind diese Menschen gestresst und stecken damit alle anderen um sich herum an und machen diese verrückt. Das Leben an sich ist für solche Personen ein Problem und sie zeichnen sich dadurch aus, dass sie zumeist ängstlich und pessimistisch sind. Sie sind wenig lösungsorientiert, sondern oft stark auf das Problem fixiert. Damit ziehen sie sich und andere Menschen runter. Das ist und wirkt alles andere als attraktiv.

Es gibt wiederum Menschen, die sind nahezu stressresistent und verstehen es Herausforderungen, denen sie sich stellen müssen, mutig und beherzt zu meistern. Dabei sind sie oft nicht talentierter oder erfahrener als die erste Personengruppe, sondern sie sind der Überzeugung, dass sie in der Lage sind jede Situation zu meistern. Ein gesundes Maß an Selbstbewusstsein und Mut wohnt ihnen inne. Sie schaffen es zudem durch ihre positive Art andere zu überzeugen und mitzureißen. Und raten Sie mal; diese Menschen sind wahre Magneten, wenn es um Attraktivität und Anziehung geht. Wir fühlen uns zu positiven Menschen, die agieren, anstatt nur zu reden oder zu hadern extrem hingezogen. Außerdem strahlen diese Menschen Gelassenheit aus und stehen Fehlern anderer nicht übermäßig kritisch gegenüber. Das heißt andere fühlen sich in ihrer Nähe behaglich und wohl. Sie schaffen es Probleme und Fehler anderer kleiner erscheinen zu lassen und wirken deeskalierend bei Konflikten. Daher wenn Sie attraktiver auf andere wirken wollen, arbeiten Sie an Ihrer Einstellung und versuchen Sie demnächst, wenn Sie vor einem Problem stehen weniger pessimistisch an das Ganze heranzugehen. Üben Sie sich in der Fähigkeit aus einem Elefanten eine Mücke zu machen und Sie werden sehen wie schnell Ihnen die Sympathien zufliegen!

43. Was hat der andere zu bieten

Wenn wir unsicher sind, sind wir darauf fixiert was andere von uns denken und fallen schnell in die Rolle "des Agierenden". Das heißt wir versuchen die Kontrolle im Gespräch zu übernehmen, versuchen den anderen zu beeindrucken und achten stark darauf, wie wir auf den anderen wirken. Wir machen uns dann quasi zum Kaspar, sind überaktiv und ertragen Pausen im Gespräch nicht oder empfinden diese sogar als äußerst unangenehm. Was wir in diesem Modus aber vergessen, ist das eine Interaktion immer zwei Beteiligte und zwei Seiten hat. Wir versuchen vielleicht krampfhaft jemanden zu beeindrucken, von dem wir nicht einmal wissen, ob er uns "etwas zu bieten" hat oder überhaupt zu uns passt. Wenn wir immer nur agieren, spiegelt das in einem solchen Fall oft nur unsere Unsicherheit wider.

Wir sind manchmal besser beraten, wenn wir uns einfach mal zurücknehmen und beobachten wohin eine Konversation oder ein Flirt überhaupt führt. Entweder wir entdecken dann z.B. das unser Gegenüber ebenfalls unsicher ist (was durchaus sympathisch sein kann), oder aber wir merken, dass wir nicht auf derselben Wellenlänge sind. Eine solche Herangehensweise nimmt den Druck von uns und der Situation und lässt uns in jedem Fall souveräner erscheinen!

44. Das richtige Hintergrundrauschen

Mehr als die Kenntnis jeglicher Tipps, Tricks und Strategien gibt es etwas Wesentliches, das über den Erfolg, den wir bei anderen Menschen hinsichtlich Sympathie und Attraktivität haben entscheidet. Diese eine Sache ist das sogenannte "Hintergrundrauschen" unseres Lebens. Aber was bedeutet Hintergrundrauschen genau? Es ist vereinfacht gesagt gleichbedeutend mit dem inneren Zustand, in dem wir uns die meiste Zeit unseres Lebens befinden. Sind wir zumeist zuversichtlich, positiv, gut gelaunt, annehmend und glücklich oder ist das Hintergrundrauschen unseres Lebens eher ein negatives? Sind wir den Großteil unserer Zeit angespannt, ängstlich, pessimistisch und sorgenvoll? Beneiden wir andere Menschen um das was sie haben und glauben wir im Leben gar zu kurz gekommen zu sein?

Egal was sich in unserem Leben abspielt und wie wir dies dann letztendlich wahrnehmen und deuten, alles hat mit unseren tiefsten Überzeugungen, Glaubenssätzen und nicht zuletzt mit unseren unterbewussten Mustern zu tun. Daher fragen Sie sich einmal, warum Sie überhaupt attraktiv und charismatisch auf anderen Menschen wirken wollen. Weil Sie in Fülle leben und sich und Ihre Persönlichkeit kreativ ausleben und erfüllte Beziehungen zu anderen führen zu wollen, oder eher, weil Sie in sich eine Leere haben, von der Sie glauben, dass diese durch das Interesse und die Zuneigung anderer gefüllt werden kann? Sie sehen beides sind vollkommen unterschiedliche Motivationen und wenn Ihr Antrieb Mangel und Bedürftigkeit ist werden Sie langfristig scheitern. Sie werden es dann vielleicht schaffen im Außen attraktiv und charismatisch zu wirken, aber dies wird Sie innerlich nicht wirklich erfüllen, da Sie nur eine Rolle spielen und sich in Wahrheit für bedürftig halten. Nur wenn Sie es schaffen sich mit all Ihren Macken und Fehlern anzunehmen, sich gern zu haben und nachsichtig mit sich zu sein, werden Ihre Beziehungen zu anderen erfüllt sein und Sie können Ihr Charisma und Ihr Leben in vollen Zügen genießen.

45. Lassen Sie Raum für mehr

Wenn wir von jemandem angetan sind und diese Person für uns gewinnen wollen, neigen die meisten zu diesem Fehler: Wir wollen ständig in der Nähe derjenigen Person sein und wünschen uns das unsere Gespräche und Treffen quasi nicht zu Ende gehen und können kaum genug bekommen. Wir wollen uns dann gänzlich offenbaren, möglichst viel teilen und das Objekt der Begierde für uns beschlagnahmen. Das führt in den meisten Fällen nicht zu dem gewünschten Effekt, dass der andere uns als attraktiver und charismatischer wahrnimmt, sondern dieses Verhalten mindert die Anziehung zwischen zwei Menschen eher. Das Ganze hat mir einer einfachen psychologischen Tatsache zu tun: Was wir glauben sicher zu haben und wovon ein vermeintlicher Überfluss besteht, wird unweigerlich als weniger wertvoll wahrgenommen. Natürlich hat dies rein gar nichts mit unserem tatsächlichen Wert zu tun, dennoch verhält es sich in der Realität zumeist so und die meisten werden schon einmal eine solche und oft frustrierende Erfahrung gemacht haben.

Dies sollte uns zwar nicht dazu animieren Spielchen zu spielen oder unsere Zuneigung nicht offen zu zeigen, aber wie bei allen macht auch hier die Dosis das Gift bzw. den Effekt. Im Klartext bedeutet dies, dass wir beispielsweise unsere Treffen beenden sollten wenn es am schönsten ist. Denn ist einmal der Höhepunkt erreicht, kann es nur "langweiliger" werden und beide Seiten sind dann irgendwann übersättigt. Verlassen wir die Situation hingegen bevor dieser Punkt erreicht ist, dann gehen wir mit einem Gefühl von Befriedung, Spannung und Vorfreude auf das nächste Treffen nach Hause (oder wohin auch immer). Ein Effekt, den Sie nicht unterschätzen sollten. Lassen Sie zudem Raum für Spannung und etwas Mysterium. So schön es ist alles mit einem anderen Menschen teilen zu können, so schön ist es aber auch wenn Raum für unsere Phantasie bleibt und wir den anderen immer wieder als spannend und herausfordernd erleben. Das ist übrigens auch ein Geheimnis vieler langer und glücklicher Beziehungen!

46. Sich trauen verwundbar zu sein

Wer in Sachen Kommunikation und Attraktivität auf Nummer sicher gehen will, wird es in den meisten Fällen nicht schaffen eine echte Verbindung zu anderen aufzubauen. Wer "Oberflächlichkeit gibt" wird auch nur diese im Austausch erhalten. Denn Menschen öffnen und vertrauen wiederum Menschen, die bereit sind selbst etwas von sich preiszugeben. Personen, die sich trauen echt zu sein und auch einmal Schwächen zu zeigen, wirken unmittelbar nahbarer und sympathischer. Das bedeutet natürlich nicht, dass Sie bei der ersten Begegnung sämtliche Ihrer Probleme und Schwächen kommunizieren müssen. Aber nur über langweilige Fakten zu sprechen, wird nicht zu Ihrer Attraktivität und dem Aufbau Ihres Charismas beitragen. Versuchen Sie ohne zu selbstzentriert zu sein, demnächst mehr über Ihre Gefühle und Erfahrungen zu erzählen und ermutigen Sie auch andere persönliche Dinge zu teilen. Seien Sie ein guter Zuhörer, indem Sie konzentriert sind und eine empathische und annehmende Haltung einnehmen. Das sorgt für emotionale Nähe und genau das ist es was Attraktivität und Charisma ausmacht.

Und ist diese Tiefe nicht auch das, was wir uns von unseren Beziehungen zu anderen Menschen wünschen? Wer hat nicht schon die Erfahrung gemacht, wie erschöpfend Smalltalk und oberflächliches Gerede sein können? Diese Dinge sind zwar Teil unserer sozialen Interaktionen, sorgen aber nicht dafür, dass wir aus Begegnungen mit anderen wirklich etwas Nachhaltiges mitnehmen und uns langfristig verbunden und erfüllt fühlen. Probieren Sie es demnächst aus: Seien Sie echt und verwundbar und Sie werden merken, wie schnell Menschen bereit sind es

Ihnen gleich zu tun und sich zu öffnen. Wahnsinnig spannend!

47. Kommunizieren Sie, was Sie wollen

Viele Menschen versuchen aus Angst vor Ablehnung ihre Wünsche, Ideen und Bedürfnisse zu verstecken. Vor allem wenn wir Menschen neu kennenlernen, versuchen wir eher ein Bild von uns zu zeichnen, von dem wir glauben, das es gut ankommt, als dass wir unser wahres Ich präsentieren. Gerade Frauen vermeiden es oft immer noch, sowohl im Beruf als auch im privaten Bereich zu sagen, was sie wollen. Da sie gehört haben und glauben, dass Ehrlichkeit in Bezug auf eine Partnerschaft, ihre Familienplanung etc. einen potentiellen Partner vergraulen könnte, behalten sie zu Beginn diese oder ähnliche Wünsche lieber für sich. Dies ist in den meisten Fällen fatal, da wir nur dann etwas erhalten, wenn wir auch den Mut haben es zu äußern. Ansonsten müssen wir uns mit Dingen begnügen, die nicht unseren Vorstellungen entsprechen. Ein weiterer Nachteil, wenn wir nicht kommunizieren, was wir wollen ist, dass wir unsere wahren Gedanken und Gefühle zurückhalten und uns verstellen. Das führt dazu, dass wir nicht frei und unbefangen sind, was wiederum unsere Attraktivität auf unser Gegenüber mindert und uns zudem eine Menge an Energie entzieht.

Das Kommunizieren unserer Wünsche und Bedürfnisse hat nichts mit Bedürftigkeit zu tun und ist auch keine direkte Forderung an andere. Es sorgt aber dafür, dass wir authentisch wirken, Klarheit schaffen und selektiert die Personen aus, die nicht zu uns passen. Denn wollen wir wirklich unsere Zeit mit Menschen vergeuden, die letztendlich nicht das möchten, was wir wollen und in eine andere Richtung gehen? Wir sollten uns daher nicht für unsere Gefühle oder Ziele schämen und diese offen kommunizieren. Natürlich sind hierbei Augenmaß und etwas Fingerspitzengefühl gefragt. Wir müssen uns weder Personen offenbaren, bei denen wir keinerlei Chemie spüren, noch müssen wir dies beim ersten Aufeinandertreffen tun. Es gibt keine Regeln, je natürlicher sich die Kommunikation anfühlt, desto besser. Sie werden aber merken, dass mit jeder ehrlichen und authentischen Kommunikation mit anderen Ihr Selbstbewusstsein steigen wird und Sie echter und charismatischer auf andere wirken werden. Lassen Sie diese Chance nicht ungenutzt und kommunizieren Sie demnächst Ihre Wünsche und Bedürfnisse offen!

48. Furchtlos sein

Menschen, die den Mut haben furchtlos ihren Wünschen, Träumen und Zielen zu folgen, sind inspirierend und ein Magnet für andere. Gerade in unserer westlichen Kultur sind wir oft enorm zurückhaltend, um bloß nicht anzuecken und aus Angst, was andere über uns denken könnten, wenn wir unsere Wünsche preisgeben. Die Furcht vor Zurückweisung und Niederlagen lähmt die meisten und daher bleiben sie oft weit unter ihren Möglichkeiten. Aufklärung, Freiheit, Emanzipation und mediale Vielfalt haben zwar viele Vorteile mit sich gebracht, aber nicht dazu geführt, dass die meisten den Mut haben uneingeschränkt ihren Wünschen entsprechend zu leben. Der Vergleich mit anderen und die Angst vor dem Urteil dieser, lähmt uns mehr als wir uns oft eingestehen wollen. Aber sehen Sie sich einmal um: Die meisten Menschen tun beruflich und privat das, was von Ihnen erwartet wird und nicht das, was ihren Herzenswünschen entspricht.

Nach zwischenzeitlichen Hochs nach schönen Lebensereignissen (neue Liebe, Geburt eines Kindes, Hochzeit, Beförderung, Erfolg etc.) merken die meisten Menschen irgendwann, dass ihnen etwas Entscheidendes fehlt. Sie merken dann, dass sie trotz eines objektiv guten Lebens und Umständen, die perfekt zu sein scheinen, nicht wirklich glücklich sind. Wenn unserer Seele die Inspiration, Kreativität und das Neue fehlt und wir in einem Trott leben, ohne den Mut unseren Wünschen zu folgen, werden wir langfristig unzufrieden. Um innerlich wachsen zu können bedarf es den Mut auch einmal zu riskieren, dass man scheitern kann oder dass andere unser Vorhaben nicht befürworten. Ein kleiner

Schritt in ein erfüllteres Leben ist es Dinge, die Ihnen wichtig sind, auch dann zu tun, wenn es zunächst unbequem erscheint. Auch wenn Ihre Chancen auf Erfolg nicht gutstehen, wenn etwas wichtig für Sie ist, ist es Ihre Mühe auch wert! Und lassen Sie sich nicht entmutigen durch temporäre Niederlagen. Wer beständig ist und weiß, wohin er will, wird sein Ziel in den meisten Fällen auch erreichen. Diese Art von Kompromisslosigkeit wirkt zudem sehr anziehend auf andere. Denn Menschen, die so handeln, zeigen dass sie sich und andere respektieren und dass sie sich wert sind Dinge zu verfolgen, die ihnen wirklich am Herzen liegen!

49. Seien Sie präsent

Präsent zu sein ist wahrscheinlich das Wichtigste, das wir tun können, wenn wir charismatisch und attraktiv wirken wollen. In einer Zeit, in der die meisten Menschen sich kaum noch auf etwas konzentrieren können und durch Medien aller Art abgelenkt sind, sind diejenigen, die mit all Ihren Sinnen anwesend sind und ihrem Gegenüber ihre Aufmerksamkeit schenken, eine Wohltat. Sie werden selbst die Erfahrung wahrscheinlich schon einmal gemacht haben: Eine Person, die uns wirklich zuhört und uns die Dinge aussprechen lässt, die uns auf dem Herzen liegen und gleichzeitig bereit ist unsere Gefühle zu sehen und "auszuhalten", ist Gold wert. Ohne dass sie etwas sagt, kann eine solche Person heilsam sein und eine Nähe erzeugen, wie Worte es in einer solchen Situation vielleicht nicht können.

Sie werden in Ihrem Alltag wahrscheinlich schon häufig bemerkt haben, wie schwierig es ist wirklich präsent zu sein und dass wir alle schon einmal mit unseren Gedanken abwesend waren, während wir uns unterhalten haben. Dies ist prinzipiell nicht ungewöhnlich und mitunter auch verständlich in unserer vermeintlichen "Multi-Tasking-Gesellschaft". Machen Sie sich einmal klar welche immensen Anforderungen an uns im Alltag gestellt werden und wie uns gleichzeitig das Gefühl beschleicht vielen Dingen einfach nicht mehr gerecht werden zu können. Wenn wir unsere abschweifenden Gedanken aber zeitnah erkennen und uns unserer fehlenden Gegenwärtigkeit bewusstwerden, können wir uns achtsam wieder ins Hier und Jetzt zurückbringen. Denn nichts ist für die Teilnehmer einer Unterhaltung frustrierender als zu merken, dass der andere in

Gedanken woanders ist. Unsere Präsenz im Augenblick hingegen kann uns zu einem Menschenmagneten machen. Dafür müssen wir aber bereit sein die eigenen Sorgen und die eigene Meinung zwischenzeitlich zurückzustellen, um zu versuchen unser Gegenüber empathisch und ohne Vorurteile zu verstehen. Um dies tun zu können ist es wichtig, dass wir mit uns im Reinen sind und uns die "entscheidenden Fragen" des Lebens auch selbst gestellt haben. Wir sollten uns und andere Menschen mit all ihren Stärken und Schwächen annehmen können, ohne zu verurteilen. Wer sich und die eigenen Sorgen und Ängste ablehnt und sich nicht annimmt so wie er ist, wird dies nämlich auch bei anderen können. Wenn Sie sich aber in der Fähigkeit im Moment zu sein üben und bereit sind sich auf andere einzulassen, werden Sie schnell merken, dass andere Menschen Ihre Nähe zunehmend schätzen und Ihre Begegnungen für beide Seiten befriedigender sein werden.

50. Nehmen Sie Raum ein

Wenn wir uns unwohl oder unsicher fühlen, dann machen wir uns im wahrsten Sinne des Wortes klein. Wer schon einmal auf einer Party war, wo er niemanden kannte und unsicher war, wird sich höchstwahrscheinlich entweder an etwas festgehalten haben, wie z.B. einem Glas, oder mit enganliegenden Armen in einer Ecke gestanden haben. Wenn wir unsicher sind, tendieren wir dazu uns körperlich klein zu machen und zu verstecken, um weniger aufzufallen, obwohl wir uns eigentlich wünschen Kontakte zu knüpfen. Unsere Körperhaltung signalisiert unserem Gehirn dann allerdings auch als Feedback, dass wir nicht besonders sicher sind. Ein Teufelskreis, den wir am besten mit der bewussten Änderung unserer Haltung, unserer Bewegungen und unserer Körpersprache durchbrechen können.

Das nächste Mal, wenn Sie merken, dass Sie sich in einer Situation klein machen, versuchen Sie einmal bewusst etwas mehr Raum einzunehmen: Sie sollten dabei natürlich nicht rücksichtslos sein oder in die persönliche Komfortzone anderer eindringen, sondern lediglich etwas an Ihrer eigenen körperlichen Präsenz arbeiten. Breiten Sie einfach etwas Ihre Oberarme aus, die wahrscheinlich eng an Ihrem Körper anliegen. Versuchen Sie Ihre Schultern etwas zurückzunehmen und den Kopf aufrecht zu halten und bleiben Sie dabei entspannt. Scheuen Sie sich zudem im Gespräch mit anderen nicht Gesten zu nutzen, um Gesagtes zu unterstreichen. Aber nur wenn Ihre Gefühle, Ihre körperliche Haltung und Ihre Gesten kongruent zueinander und authentisch sind, werden Sie andere Menschen in Ihren Bann ziehen können. Halten Sie sich daher nicht zurück und trauen Sie sich auch Ihre Freude auszudrücken. Menschen wirken attraktiver, wenn andere das Gefühl haben, dass die Person authentisch ist und sich emotional nicht zurückhält. Sie werden merken, dass Sie mit etwas Übung an Ihrer Haltung und Ihrer Körpersprache immer sicherer werden und Ihr Auftreten sowohl im Privaten als auch im beruflichen Bereich attraktiver auf andere wirken wird.

51. Stoisch und gelassen bleiben

Oft sind es Details, kleine Dinge oder Gesten, die wir an anderen Menschen anziehend finden. Es gibt aber auch grundsätzliche Einstellungen und Verhaltensweisen, die Menschen im Allgemeinen attraktiver machen. Eine dieser Eigenschaften ist Selbstvertrauen: Es erscheint nicht weiter ungewöhnlich, dass Menschen, die selbstsicher sind auch als attraktiver und charismatischer von anderen wahrgenommen werden. Aber lassen Sie uns genauer beleuchten, welche Verhaltensweisen es genau sind, die Selbstbewusstsein signalisieren. Zum Beispiel schaffen es selbstbewusste Menschen in schwierigen Situationen oder Konflikten geradezu stoisch gelassen zu bleiben. Das heißt nicht, dass sie unbeteiligt sind, sondern dass sie sich nicht zu Dingen und Aussagen hinreißen lassen, die nicht zielführend sind und welche sie später bereuen könnten. Aber was genau kommuniziert diese Gelassenheit dem Gegenüber? Charismatische Menschen lassen sich durch ungewünschte Ereignisse, Worte oder schwierige Personen nur selten aus der Fassung bringen. Sie signalisieren damit, dass sie in sich ruhen und dass sie nicht Opfer anderer oder ihrer Umstände sind.

Zudem ist es von immensem Vorteil nicht auf alles reagieren zu müssen oder sich zu gar verteidigen. Ein ruhiges und besonnenes Verhalten in schwierigen Situationen wird Ihnen zudem die Zeit geben sich genau zu überlegen was Sie tun oder sagen wollen. So oder so, es wird in den meisten Fällen zu Ihrem Vorteil sein, derart bedacht und souverän zu reagieren. Zugegebenermaßen ist das nicht immer einfach, kann aber durchaus geübt werden. Wir müssen uns in Situationen, in denen wir “explodieren“ könnten, bewusst machen, dass oft Automatismen in uns ablaufen, die nicht unbedingt zu unserem Besten sind. Erkennen wir dies und üben uns darin ruhig zu bleiben, werden wir unmittelbar ein friedlicheres Leben führen und auf unser Umfeld souveräner und vor allem charismatischer wirken! Sie werden zudem weniger Konflikte austragen müssen und können die gesparte Energie in Sachen Attraktivität einsetzen.

52. Verraten Sie ein Geheimnis

Ein gutes Mittel, um einen Flirt unmittelbar spannender zu gestalten und schnell Vertrauen zu erzeugen, ist es jemandem anzukündigen, dass Sie ihm ein Geheimnis verraten möchten. Dies klingt auf den ersten Blick vielleicht kindisch oder albern, ist aber enorm effektiv. Es ist gar nicht so ungewöhnlich, dass wir mit dem Teilen eines Geheimnisses Nähe und ggf. auch Anziehung erzeugen. Denn wenn wir einmal überlegen, wem wir für gewöhnlich etwas Persönliches anvertrauen, werden wir schnell erkennen, dass dies zumeist Menschen sind, denen wir vertrauen und denen wir uns Nahe fühlen. Man kann das Ganze auch in einem Flirt für sich nutzen: Anstatt Geheimnisse nur Personen zu verraten, die sich unser Vertrauen über einen langen Zeitraum verdient haben, vertrauen Sie demnächst etwas kokettierend Ihrem Schwarm oder einer anderen Person, der Sie näherkommen wollen, etwas an (natürlich sollten Sie dabei nicht indiskret sein oder anderen schaden).

Zum einen wird die Ankündigung eine Vertraulichkeit zu erzählen sofort die Neugier Ihres Gegenübers wecken und eine gewisse Spannung erzeugen. Zum anderen wird dieser sich geschmeichelt fühlen und sich über das von Ihnen entgegengebrachte Vertrauen freuen. Und raten Sie mal: Mit wem wird er die dadurch ausgelösten positiven Gefühle in Verbindung bringen? Genau: mit Ihnen! Und ist Ihr Geheimnis dann tatsächlich noch spannend, bereichernd und interessant, haben Sie auf ganzer Linie gewonnen.

53. Kombinieren Sie verschiedene Eigenschaften

Wie bereits in den vergangenen Kapiteln beschrieben, sind Charisma und Attraktivität mehr als nur Aussehen oder Beliebtheit. Als charismatisch gilt man, wenn man die Kombination an richtigen Eigenschaften besitzt und diese kultiviert. Aber welche sind das genau? Charismatische Menschen haben häufig folgende Eigenschaften: Sie sind sicher in ihrem sozialen Auftreten, verstehen es ihre Emotionen auszudrücken und sind gleichzeitig sensibel in der Wahrnehmung der Gefühle anderer Menschen. Sie können sich zudem gut auf andere bzw. auf veränderte Situationen einstellen. All diese Eigenschaften, wenn sie isoliert auftreten, führen jedoch nicht zwingend dazu, dass jemand charismatisch auf andere wirkt. Stellen Sie sich einmal vor, jemand hat die Fähigkeit sich in seinem sozialen Umfeld gut zu präsentieren, tritt selbstsicher auf und vermag es die eigenen positiven Eigenschaften und Errungenschaften zu präsentieren.

Das wird dieser Person auf einer Party vielleicht zunächst Aufmerksamkeit verschaffen, aber ob es auch dazu führt, dass sie als attraktiv und charismatisch wahrgenommen wird, ist fraglich. Denn ein solches Verhalten kann auch schnell als arrogant, egozentrisch oder rücksichtslos wahrgenommen werden. Hat dieselbe Person aber die soziale Kompetenz und die Feinfühligkeit, die Bedürfnisse und Wünsche anderer zu erkennen und gleichzeitig die Bereitschaft auf diese einzugehen, sieht die Sache schon ganz anders aus. Diese Person wird zwangsläufig zum Mittelpunkt des Geschehens werden und niemand wird sich von ihr eingeschüchtert fühlen, da diese Person neben sozialer Expressivität auch Empathie und Wohlwollen ausstrahlt. Sie sehen, eine einzige Fähigkeit sorgt nicht dafür, dass wir als charismatisch gelten. In diesem Sinne kultivieren Sie all Ihre Eigenschaften: Arbeiten Sie sowohl an Ihrem Selbstbewusstsein und Ihrem Auftreten in sozialen Situationen, aber behalten Sie dabei immer auch den Blick für andere und deren Bedürfnisse. Sie werden schnell merken, wie dies Ihr Charisma in ungeahnte Höhen katapultieren wird!

54 Die Gefühle anderer aushalten können

Im Grunde genommen möchten die meisten Menschen tiefe Verbindungen zu anderen aufbauen, können aber häufig nicht mit den Gefühlen anderer umgehen. Das vielleicht häufigste Beispiel ist, wenn jemand in unserer Gegenwart in Tränen ausbricht und wir nicht wissen was wir tun sollen. Die meisten werden unbeholfen versuchen zu trösten und die Situation schnell versuchen zu meiden. Sie hoffen dann, dass Ihr Gegenüber sich schnell fängt und die "unangenehme Situation" endet. Das viele von uns so reagieren hat verschiedene Gründe: Wir haben u.a. das Gefühl inkompetent oder nicht gut genug zu sein, um dem anderen in seiner Situation helfen zu können und zum anderen erinnert uns ein solcher Gefühlsausbruch vielleicht an unsere eigenen Ängste und Sorgen, mit denen wir uns nicht auseinandersetzen wollen. Eine solche Situation zu meiden ist aber genau das Falsche, denn genau in diesen Momenten findet echte Verbindung und persönliches Wachstum statt.

Wir sollten uns fragen, ob wir anderen Menschen nur begegnen wollen, wenn sie sorgenfrei sind. Oder wollen wir echte Verbindungen aufbauen mit echten Menschen, andere sehen und auch selbst gesehen werden, wie wir wirklich sind, unzensiert und authentisch? Im Sinne erfüllter persönlicher Beziehungen ist sicherlich Letzteres ist die bessere Option. Und das vielleicht befriedigendste Beiprodukt einer solchen Einstellung ist, dass andere Menschen sich uns öffnen und uns unweigerlich näherkommen. Die Fähigkeit und der Wunsch andere Menschen wirklich im Innersten sehen zu wollen, ist sehr rar und ein guter Weg, um echte und tiefe Verbindungen aufzubauen!

55. Leben Sie beide Seiten

Menschen, die hochattraktiv auf andere wirken, trauen sich bewusst oder unbewusst "beide Seiten" Ihrer Persönlichkeit zu leben. Das bedeutet, dass Sie sowohl Ihre freundliche, annehmende und zuvorkommende Seite kultivieren, sich gleichzeitig aber auch trauen Ihre nicht so perfekten und nicht so "netten" Seiten zu leben und sich das zu nehmen, was Sie im Leben haben wollen. Das bedeutet nicht, dass diese Personen andere Menschen kränken, unhöflich oder rücksichtslos sind, sondern es bedeutet vielmehr, dass sich diese Personen nicht einschränken, in der Angst nicht gemocht zu werden. Sie haben den Mut authentisch zu sein und auch einmal anzuecken, ohne Konfrontationen zur Gewohnheit werden zu lassen. Sie definieren sich nicht darüber, was andere über sie denken und haben den Mut und die Energie ihre Ziele beherzt zu verfolgen.

Personen, die so leben haben eine enorme Anziehungskraft auf andere, da Sie durch ihre Entschlossenheit und Energie inspirierend wirken und gleichzeitig eine Seite in anderen ansprechen, die diese sich oft nicht zu leben trauen. Es sollte aber unsere Lebensaufgabe sein unser volles Potential auszuschöpfen. Der Mut authentisch zu leben ist daher eine enorm wertvolle Eigenschaft. Attraktive Menschen, sind nicht nur attraktiv und charismatisch, weil Sie äußere Attribute haben, die anderen zusagen, sondern sie sind anziehend, weil sie ein Leben führen, dass andere gerne hätten und das andere inspiriert! Wenn Sie sich demnächst dabei ertappen, dass Sie sich aus Rücksicht auf andere zurückzuhalten und nicht das tun, was Sie eigentlich gerne wollen, erkennen Sie dies und vor allem ändern Sie es (natürlich sollten Sie dabei niemandem schaden). Sie haben es verdient so zu leben, wie Sie es wollen und Sie müssen dafür niemanden um Erlaubnis fragen. Wenn Sie ein solches Leben führen, werden Sie unmittelbar zu einer Inspiration für andere!

Nachwort

Liebe Leserin, lieber Leser,

ich hoffe Sie haben bei der Lektüre dieses Ratgebers einige spannende Erkenntnisse mitnehmen können. Im Bereich sozialer Beziehungen gibt es kein schwarz und weiß und schon gar keine Garantien. So ist es eine Illusion zu glauben, alle Menschen müssen uns sympathisch und anziehend finden.

Die Nuancen zwischenmenschlicher Beziehungen sind komplex und gelichzeitig enorm spannend. Sie können aber niemals gänzlich beeinflusst werden. Dennoch lohnt es sich, sich psychologische Hintergründe anzuschauen und unsere Beobachtungsgabe zu schulen. Denn wir können im Sinne erfüllter und spannender Interaktionen mit anderen Menschen, eine Menge lernen und auch positiv beeinflussen. Auch können wir bewusst durch Interesse an anderen unsere eigene Attraktivität steigern und die Möglichkeit nutzen tiefe und bleibende Beziehungen zu anderen Menschen zu erschaffen. Der Wunsch von allen geliebt und bestätigt zu werden hingegen ist eine Einladung zum Unglücklichsein. Attraktivität lebt von Ihrer eigenen Authentizität und Ihrem Mut Dinge so zu tun, wie Sie sie für richtig halten. Das Bedürfnis der Akzeptanz anderer macht uns unfrei und im Verlauf langfristig unglücklich. Und nur wer frei ist und dabei sich, das Leben und seine Beziehungen genießt, wird nachhaltig glücklich sein. Wenn ich Ihnen hiermit einige Tipps und Anregungen gegeben habe, freue ich mich.

Ganz herzliche Grüße!

Kleine Bitte an Sie

Liebe Leserin, lieber Leser,

vielen Dank für Ihr Interesse an unserem Buch. Wenn Ihnen der Inhalt gefallen hat, würden wir uns sehr über eine positive Bewertung bzw. Rezension freuen, da wir viel Herzblut in die Umsetzung dieses Projektes investiert haben und Ihr Feedback die Sichtbarkeit des Textes erhöht. Bei Fragen und Anregungen können Sie sich auch über unsere E-Mail an uns wenden, es kann vielleicht einen Moment dauern, aber wir versuchen die E-Mails zu beantworten: Info@erfuellteres-leben.de

Vielen Dank und ganz herzliche Grüße!

Impressum

Wie Sie sofort attraktiver wirken, Soforttipps, die funktionieren-©

2019

1. Auflage

Kontakt:

Demet Aslim, Mauritiussteinweg 96,

50676 Köln

0221-29886529

Haftungsausschluss

Dieses E-Book wurde mit Sorgfalt erstellt. Es kann keine Garantie oder Gewähr für die Vollständigkeit, Aktualität und Richtigkeit der Inhalte übernommen werden. Der Inhalt dient der Unterhaltung und sollte nicht mit medizinischen Erkenntnissen oder medizinischem Rat verwechselt werden. Die Benutzung dieses Buches und die Umsetzung der Informationen erfolgt ausdrücklich auf eigenes Risiko. Haftungsansprüche gegen den Autor für Schäden materieller oder ideeller Art, die durch die Nutzung oder Nichtnutzung der Informationen bzw. durch die Nutzung fehlerhafter und/oder unvollständiger Informationen verursacht wurden, sind grundsätzlich ausgeschlossen. Rechts- und Schadenersatzansprüche sind daher ausgeschlossen.

Printed in Germany
by Amazon Distribution
GmbH, Leipzig

27479844R00070